富爸爸RD 007

富爸爸投資指南〈上〉

Rich Dad's Guide to Investing: What the Rich Invest in, That the Poor and Middle Class Do Not

羅勃特．T．清崎 Robert T. Kiyosaki◎著
王麗潔、朱雲、朱鷹◎譯
MTS翻譯團隊◎審訂

高寶書版集團

一位父親的投資建議

多年前，我問富爸爸：「你會給一般投資人什麼建議？」

他回答：「不要做一般人。」

目錄 *Contents*

90／10金錢規律

多數人都聽過80／20準則，亦即我們80％的成功來自於我們20％的努力。這是義大利經濟學家帕雷托（Vilfredo Pareto）於一八九七年提出的，這個準則也常稱為「最少努力原則」。

富爸爸認為各領域的整體成功確實符合80／20準則，但論及金錢時，則更加推崇90／10規律。

富爸爸注意到，10％的人賺了90％的錢，他以電影產業為例，指出10％的演員坐擁整個產業90％的金錢，其他如運動產業、音樂產業，亦是如此。

90／10規律也是適用於投資領域，這也就是為什麼富爸爸建議投資人「不要做一般人」。

《華爾街日報》近期的一篇文章也證實了富爸爸的觀點，這篇文章指出，美國90％的企業股票掌握在10％的人手中。

本書將解釋這些10％的投資人如何獲取90％的財富，以及您如何也有機會晉升其一。

致謝

一九九七年四月八日，《富爸爸，窮爸爸》正式出版，首刷一千本，以為這樣就足夠我們銷售至少一年。

全球暢銷上千萬本之後，我們的第二本書《富爸爸，有錢有理：財務自由之路》接續上市，在幾乎沒有花半毛錢於傳統廣告的情況下，這本書也持續為我們帶來驚奇，因為這本書的銷售佳績，全要歸功於口耳相傳的行銷方式。

本書《富爸爸投資指南》（原書名《富爸爸，提早享受財富》）的出版，是為了感謝讀者，讓我們的第二本力作《富爸爸，有錢有理：財務自由之路》如此成功。

透過《富爸爸，有錢有理：財務自由之路》的成功，我們也結識許多新朋友，其中不少人對於《富爸爸投資指南》（原書名《富爸爸，提早享受財富》）貢獻良多。我們希望親自感謝您的貢獻。

最後，我們要特別感謝富爸爸公司的傑出團隊。

——羅勃特和金清崎

序言

從本書中您將學到什麼？

美國證券交易委員會（The Securities and Exchange Commission簡稱，SEC）規定，一個合格的投資者應至少具備以下條件之一：

年收入在二十萬美元（含）以上；

夫婦兩人年收入達到三十萬美元（含）以上；

擁有一百萬美元（含）以上的淨資產。

美國證券交易委員會提出的這些要求，雖然，可以使普通投資者避免被捲入世界上最冒險的投資遊戲裡，但，同時也讓普通的投資者遠離那些世界上最好的投資專案。這也就是富爸爸反覆告誡普通投資者「不要做普通人」的原因。

白手起家

本書要從一九七三年我從越南回國時寫起，當時，我還有不到一年的時間就要從海軍陸戰隊退役了。這意謂著不到一年後，我將沒有工作、沒有錢，也沒有資產。所以，本書開始所描述我當時的境況，就是大多數人都了解的一種境況，也就是白手起家的階段。

一九七三年，我唯一的夢想就是有天變得很有錢，並且有資格和富人做相同的投資。那些投資是鮮為人知的、是寫在財經報紙上的、是被投資經紀人在店頭推銷的專案。本書就是從我一無所有，但心存夢想並心中牢記著富爸爸的指導，帶著我要與真正的富人一樣做同樣投資的理念寫起。

所以，不管現在你到底有沒有錢去投資，也別管你對投資這碼事知道多少，你都會對這本書感興趣。

在本書中，我們盡可能地用最簡單的語言，去探討那些非常複雜的投資問題。本書正是要獻給那些無論有多少錢、但希望成為更聰明的投資者們。

如果本書是你讀到的第一本關於投資的書，請不要為書中的複雜內容而擔心。我希望的是你願意以開放的思想把本書從頭到尾讀一遍。如果，你覺得有些部分實在難以理解，瀏覽裡面的詞語也行，但，請讀完全書。即使，你以往對投資一無所知，藉由閱讀本書，你也有可能比那些正在市場上投資的人知道得更多。

實際上，藉由閱讀本書，你甚至在某些方面會比那些以給別人投資建議產生的人，更加通曉投資的智慧。本書先易後難，但沒有過多探討到細節和複雜的問題。

我們試圖透過多種角度，力求以樸實的語言對深奧的投資策略加以闡述。本書是一個富人指導一個年輕人投資的故事，輔以圖表，相信一定會幫助你弄懂許多容易混淆的投資問題。

90／10金錢規律

我的富爸爸很欣賞義大利經濟學家帕雷托（Vilfredo Pareto）的80／20準則，即眾所周知的「最少努力原則」。但論及金錢時，富爸爸則更加推崇90／10規律，即10％的人賺了90％的錢。

我個人對這個現象愈來愈憂慮，因為，愈來愈多的家庭將依賴投資回報以維持今後的生計。問題在於，儘管有愈來愈多的人投資，但其中很少有人接受過良好的投資教育。如果，有天市場崩潰，這些新投資者們將遇到什麼樣的問題？要知道，政府只保證我們的儲蓄免受災難性的損失，卻不保護我們的投資。因此當我問富爸爸：「您給普通投資者的建議是什麼？」他的回答是：「不要太普通。」

不普通的祕訣

十二歲時，我對投資產生濃厚的興趣。在那以前，我的頭腦裡從未真正有過「投資」這個概念，滿腦子都是棒球和橄欖球。我聽說過「投資」這個名詞，但沒太注意，直到我看見投資所帶來的回報和所表現出的巨大力量時才被觸動。我還記得和富爸爸與他的兒子──我的好朋友邁克，一起漫步在一個小海灘時，富爸爸向我們展示他新買下的一塊地產。雖然，當時的我只有十二歲，卻知道富爸爸買下我們鎮上最有價值的其中一塊地產。

那時的我很年輕，但我知道面對大海，並且擁有一片沙灘的海濱地產，會比沒有沙灘、看不見海的地產值錢得多。我的第一個念頭是：邁克的爸爸怎麼買得起這麼昂貴的地產？我站在沙灘上，陣陣浪花撫過腳背，望著這個和我爸爸同年紀的人，他正在做的事是他一生中最大的金融投資之一。我對他能夠買得起這樣一塊土地，充滿了敬畏之情。

我知道我爸爸賺的錢也很多，因為，他是一個收入頗豐的政府官員。但，我也清楚地知道，我爸爸絕對沒有能力買下這樣的海濱地產。那麼，為什麼我爸爸付不起而邁克的爸爸卻付得起呢？我沒有想到的是，我的職業投資者生涯竟是從那一刻開始──我意識到「投資」一詞的力量。

現在，距離我與富爸爸和邁克在海灘上散步，已有約四十年的時間，又有許多人問我，四十年前我所提過的相同問題。

我在給學生上投資課時，他們也問到過類似的問題：

・「沒錢時，我怎樣進行投資？」
・「我有一萬美元，您建議我做什麼樣的投資？」
・「您建議我投資不動產、共同基金和股票嗎？」
・「沒資金，可以買不動產或股票嗎？」
・「不是要先有錢，才能讓錢滾錢嗎？」
・「投資不是有風險性嗎？」
・「怎樣以最小的風險獲取最大的回報？」
・「我能和您一起投資嗎？」

今天，有愈來愈多的人開始意識到蘊藏於「投資」一詞中的巨大力量，許多人希望自己能夠找出獲取此力量的途徑。我的目的就是讓你在讀完本書後能夠找到問題的答案，即使找不到答案，也希望能激勵你做更深入的研究，以利你找出適合的方法。四十多年前，富爸爸對我最重大的影響，就是激發我對投資的好奇心，當我意識到我好友的爸爸，一個比我親生父親賺錢還少的人，至少從工資收入來說是這樣的，居然能夠獲得只有富人才支付得起的不動產，這時，我的好奇心被喚醒。覺得富爸爸擁有一種我親生父親所沒有的力量，而這種力量也正是我想擁有的。

這種力量使懦弱的人感到懼怕，遠遠地躲避它，有些人甚至成為它的犧牲品。我沒有從這個力量中逃離，也沒有對它橫加指責，說什麼「富人剝削窮人」、「投資有風險」或「我對變富沒興趣」之類的話，而是變得十分好奇。正是因為這種好奇心和獲取投資知識與能力的強烈欲望，這股力量引導我走上一生不斷探索與求知的漫漫長路。

富爸爸的思維

本書也許不能為你提供所有的專業性答案，但它能讓你看清，靠自己力量致富的人是怎樣賺錢，然後怎樣獲得更多的財富。十二歲那年的我，站在海灘上，望著富爸爸新購置的不動產時，我的思想從此開啟，開始思索那些從不會在我家發生的種種可能出現的美景。

我意識到不是金錢讓富爸爸變成富有的投資者，而是富爸爸有一種與我親生父親截然不同、甚至相悖的思維方式；我意識到如果我想得到同樣的能力，就需要理解富爸爸的思維方式。我知道如果我能像富爸爸那樣思考問題，將終生富有；若不能像他那樣思考，不管多有錢，我也永遠無法達到真正的富有。

富爸爸沒有什麼工資收入，卻購買了鎮上最昂貴的一塊土地。這使我明白：真正的財富是一種思維方式，而不是存在銀行裡的錢。我力求在本書中闡明這種富人的投資思維模式。

熟知企業，讓企業為你投資

四十年前在海灘上，我鼓足勇氣問富爸爸：「您怎麼會買得起這塊十英畝地的昂貴海岸，但我爸卻做不到呢？」富爸爸的一席話讓我永生難忘。他的手搭在我的肩上，我們踩著沙灘上細碎的浪花漫步，然後，熱心地向我解釋他關於金錢和投資的基本理念。他說：「我也買不起這塊地，但我的企業買得起。」那天，我們三人在海灘上走了一個小時，我的投資課就此開始。

幾年前，我在澳洲的雪梨教了三天的投資課，我用一天半的時間講解，如何建立一個企業。最後，一個深感困惑的學生舉手問：「我是來學投資的，您為什麼一直在講企業經營的事呢？」

我的回答是：「有兩個原因。其一，我們最終投資的物件是一個企業。如果你投資股票，你是投資於企業；如果你買了一處房地產，例如一套公寓，那麼這套公寓也是一項經營；如果你購買的是證券，那麼同樣也事關企業經營。若想成為好的投資者，首先要熟知企業是如何經營的。其二，最佳的投資方式是讓你的企業為你投資，以個人名義進行投資是不明智的。普通投資者對企業知之甚少，因而經常以個人方式投資。這就是我花這麼多時間在投資課上談企業問題的原因。」

同樣的，本書不惜筆墨談論很多關於建立企業和分析企業的方法，我會用一定的篇幅介紹如何經由企業進行投資，因為富爸爸就是這樣教導我的。正如富爸爸四十年前所說：「我也買不起這塊土地，但我的企業買得起。」換言之，富爸爸的準則就是「讓我的企業為我投資，大多數人不富有，是因為他們是做為個人而不是做為企業所有人進行投資的」。本書中，你會看到為什麼擁有90％股票的10％的人，他們大多是企業主，都會透過企業進行投資。並且你也會明白要跟著他們一樣去做。

在課程的後半部分，這個學生明白我大談企業的原因。隨著課程的繼續，學生們開始明白，世界上最富有的投資者並不是在買投資，而是在創造他們自己的投資。為什麼世界上有二十多歲的億萬富翁？因為，他們不是在購買投資，他們是在創造投資，這種投資就是人們都想購買的企業。

幾乎每一天，我都會聽見有人說：「我有一種新產品，可以賺大錢。」遺憾的是，大多數獨創性的創意卻從沒有轉化為財富。本書將集中探討那10％的人如何利用別人的投資，將他們的想法轉化為價值幾百萬，甚至幾十億資產的企業。這就是為什麼富爸爸要花很多時間教我如何建立企業，如何分析打算投資的企業的原因。如果你有一個可能使你致富，甚至可能讓你晉升入90／10那個群體的好創意，本書將會助你夢想成真。

真正投資者怎麼做都能致富

多年以來，富爸爸都認為投資因人而異。今天，我仍常聽到人們說：

1、「我剛以每股五美元的價格買進五百股XYZ公司的股票，價格就升到了每股十五美元，我立刻拋掉。不到一星期，我就賺了五千美元！」

2、「我和丈夫專買舊房，裝修翻新後再賣掉，能賺大錢呢！」

3、「我做商品期貨買賣。」

4、「我的退休金帳戶中有一百萬美元。」

5、「錢存在銀行裡最安全。」

6、「我有多樣化的投資組合。」

7、「我是做長期投資的。」

正如富爸爸所說：「投資要因人而異。」上面的說法反映不同的投資類型和手段，富爸爸卻不會做這樣的投資。他說：「多數人都不是真正的投資者，而是旁觀者或投機者。他們購買並持有投資後不斷祈求價格上漲。他們生活在對股市的希望之中，同時，又因為市場崩潰的可能性而感到惶惶不安。真正的投資者是不論市場繁榮與否、無論是贏是輸、投資期是長是短，他都能發財致富。普通投資者不知道怎樣去做，因此，輸給僅占人口10％卻賺取到90％的錢的人。」

為致富準備的九個關鍵

對富爸爸來說，投資不僅意謂著購買、持有和祈求，本書還將揭示以下幾個主題：

1、利用十大投資控制工具，減少風險，增加收益。

富爸爸說：「投資本身不會有風險，失控的投資才有風險。」

2、富爸爸教給我：從沒有錢投資，倒是有很多錢投資的五階段計畫。

計畫的第一步就是讓我在思想上，做好成為一個富有投資者的準備，這個階段對於那些想充滿自信地進行投資的人來說，這是一個簡單卻至關重要的階段。

3、對不同投資者的稅收法規不同。

在「富爸爸系列」的第二本《富爸爸，有錢有理：財務自由之路》裡，我談到商界中的四類人。

他們是：E代表雇員；S代表自由職業者或小企業主；B代表企業主；I代表投資者。

富爸爸鼓勵我從B象限開始投資，是因為稅法對B象限極為有利。他總是說：「稅法是不公平的，它是富人為富人而制定的。如果你想致富，你就得使用富人適用的稅法。」之所以10％的人控制大部分財富，就是因為只有10％的人知道如何使用稅法。

一九四三年，美國聯邦政府堵住所有雇員的大部分稅收漏洞。一九八六年，政府又堵住S象限，諸如醫生、律師、會計師、工程師和建築師等人所能鑽的稅法漏洞。

換言之，10％的人能賺到90％的錢的另一原因，就是只有10％的人知道如何在四個象限投資，以便在稅收方面取得不同的稅收優惠政策，而普通投資者通常僅在一個象限投資。

4、為什麼一個真正的投資者，無論市場繁榮與否，他都能獲取財富。

5、基本面投資與技術面投資的差異。

6、五種高級投資者。

在《富爸爸，有錢有理：財務自由之路》一書中，我討論過五個等級的投資者。本書將討論前兩個等級的投資者（專業投資者與資本投資者），並將他們細分為以下五種類型：

・SEC認定的特許投資者

・資深投資者
・智謀型投資者
・內部投資者
・終極投資者

在本書裡，你將了解到不同的投資者，應具有不同的技巧和教育程度。

7、錢不夠與錢太多的差異。

許多人說：「我賺到很多錢後，錢的問題就不存在了。」他們卻無法體認到，有很多錢和錢不夠同樣有麻煩。本書會告訴你，這兩種人所面臨的不同金錢問題，即「錢不夠」和「錢太多」所帶來的不同問題。極少人意識到，錢太多同樣是個大問題。

許多人發財後又破產的重要原因之一，正是在於不知道如何解決錢太多的問題。本書中，你將學到如何從資金不足的情況下開始運作，然後是怎樣賺錢，最後是怎樣解決錢多的問題。也就是說，不僅讓你知道如何賺到很多錢，而且更重要的是，還要讓你懂得如何留住這些錢。正如富爸爸常說的：「如果留不住錢，那麼賺錢又是為什麼？」

我有一個做股票經紀人的朋友曾對我說：「普通投資者並沒有在市場上賺到錢。他們倒不一定是賠錢，但一定沒有賺到錢。我曾目睹許多投資者，今年賺到了錢，明年又全部賠光。」

8、如何賺到做為富人開始投資的最低標準的二十萬美元呢？

富爸爸對我說：「錢就是一個觀念。如果你認定二十萬美元是一大筆錢的話，你就一定賺不到二十萬美元！要成為富有的投資者，你就必須把二十萬美元看成是SEC認定的特許投資者的最低收入標準，這是水桶中的一滴水。」所以，本書上集至關重要。

9、本書上集將會為你做好成為富有投資者的思想準備，而每章末尾都有一些有趣的意向測試題。

儘管測試題很簡單，但它們旨在啟發你思考。如果可能的話，請和你的朋友們討論你的答案。這些都是當初富爸爸啟發我思考、並幫助我找到答案的一些問題，而這些思索後得出的答案，指引著我一步步獲得財務自由。實際上，許多我們苦苦尋找關於投資方面的答案，早已在我們內心深處很久，只需要我們用心的思考，並發現它們。

什麼使90／10投資者與眾不同？

本書所講述最重要的方面之一就是「普通投資者」與「90／10投資者」的思維差異。

富爸爸常說：「想富，就要先看看每個人正在做什麼，然後做與他們完全相反的事。」閱讀本書時，你會發現那些獲得90％財富的10％的人，與僅獲得10％財富的90％的人之間的差異，並非在於投資物件的不同，而是他們的思維不同。例如：

・大多數投資者會說：「不要冒險。」但富有的投資者是尋找那些被一般人認為是「冒險」的機會。
・大多數人強調「多樣化」，但富有的投資者喜歡專心一意。
・普通投資者盡力將債務減至最少，但富有的投資者增加對他有利的好債務。
・普通投資者盡量削減開支，但富有的投資者知道如何藉由增加開支，使他們變得更富有。
・普通投資者擁有工作，但富有的投資者創造工作。
・普通投資者拚命工作，但富有的投資者工作得愈來愈少，財富卻愈來愈多。

「硬幣」的另一面

所以，在閱讀本書時，請注意你和富爸爸的指導思想經常背道而馳的地方。富爸爸說：「只有極少數人變富的原因之一，就在於大多數人的思維方式已經定型，他們認為想問題、做事情只有一種方法。普通投資者會想『做事要安全點，別太冒險』。富有的投資者卻在考慮怎樣提高技巧，使他們能冒更多的險。」富爸爸稱這種思維為「雙面硬幣思維」。他強調「富有的投資者有比普通投資者更靈活的思維。例如，普通投資者與富有的投資者同樣需要考慮安全性，而富有的投資者卻會同時考慮如何冒更多的險。當普通投資者想著要減少債務時，富有的投資者卻在思考如何增加有利的債務。當普通投資者擔心市場崩潰時，富有的投資者卻想盡辦法，從低靡的市場中獲取財富。這一切聽來與普通投資者的作法截然不同，但就是這些矛盾，才讓富有的投資者變得富有」。

當你閱讀本書時，請務必注意普通投資者與富有投資者在思維上的差異。正如富爸爸所說：「富有的投資者十分注意事物的兩面性，而普通投資者僅僅看到硬幣的一面，而沒有看到硬幣的另一面，但正好是這另一面，讓富有的投資者變得更富有，讓普通投資者依然普通。」本書的下集將著重講述「硬幣」的另一面。

你想超越普通的投資者嗎？

本書所談的不只是投資技巧、小竅門及神奇的致富妙方。寫作本書的主要目的之一，是為你提供一個擁有另類投資觀念的機會。本書從一九七三年我從越南回來後，希望自己也像富有的投資家一樣投資開始講起。一九七三年，富爸爸開始教我如何擁有他所具有的財務能力，這種能力是我在十二歲那年意識到的一種神奇的力量。四十年前，當我站在沙灘上，面對富爸爸的最新投資——一片夏威夷最昂貴的地產時，我就認識到在投資方面，我的富爸爸和窮爸爸的巨大差異，並不僅是誰有多少錢這麼簡單，他們之間的第一個深層差異是：富有投資者比一般投資者有更強烈的投資欲望。如果你也有這種欲望，請繼續往下讀吧！

第一部分

你做好投資者的思想準備了嗎？

第一章　投資第一課：何謂3E的投資條件

一九七三年，我結束越南之行而回到老家。幸運的是，這回我被派往離家較近的夏威夷基地，而不是較遠的東海岸基地。在海軍陸戰隊航空站安置妥當後，我請邁克約個時間和他的父親、也就是被我稱為「富爸爸」的那位長輩共進午餐。邁克則急著要讓我看他的房子和剛出生的小寶寶，我們約在下個週末去他家吃午飯。當邁克派來的豪華轎車停在我們基地的單身軍官營地時，我忽然意識到，自從一九六五年我們高中畢業以來，這中間已經發生很多巨大的變化。

「歡迎回家！」當我踏進鑲著大理石地板的門廳時，只見邁克抱著他七個月大的兒子，全身上下散發著無法形容的神采說，「真高興你能平安地回來。」

「我也是。」我邊回答邊望著邁克身後那波光粼粼的藍色太平洋，輕柔的浪花正悠閒地沖刷著屋前的白沙灘。這棟房子真是棒極了！這是一棟熱帶地區一層樓的豪宅，兼具夏威夷新舊生活的迷人魅力。地板上鋪著漂亮的波斯地毯，高大的墨綠盆景，房子三面環繞著大游泳池，房子的第四面則正對面著海。房子寬敞、通風良好，堪稱迷人的海島生活典範。它和我想像中的夏威夷奢華生活，可說是不謀而合。

「這是我兒子詹姆斯。」邁克打斷了我的思緒。

「哦，」我嚇了一跳，一定是因為這美麗的屋子，讓我陷入神思遐想，忍不住喜不自勝。「多漂亮的孩子啊！」我說了一句任何人看見新生嬰兒時都會說的話。當我手舞足蹈扮著鬼臉逗弄神情茫然的小傢伙時，我的思緒依舊停留在這八年巨大變化的遐思中。此時此刻的我住在軍事基地破舊的營房中，和另外三位邋遢的飛行員、一群酒鬼共住一屋，而邁克呢？卻和他的美妻嬌兒住在眼前這價值數百萬美元的豪宅中。

「進去吧！」邁克說，「爸爸和康妮在陽台上等我們呢！」

午餐很豐盛，由專職女傭隨侍左右。我在這裡享受著美味佳肴、欣賞著美麗風光，而此時，我的那三位室友可能正在亂糟糟的軍官飯廳裡就餐。因為是星期六，基地的午餐很可能就只是一份潛艇堡和一碗湯。

一陣輕鬆愉快的敘舊後，富爸爸說：「你看，邁克的企業經營得這麼成功，投資獲利也很驚人。我們過去兩年賺的錢比我前二十年賺的還多。『第一個一百萬最難賺』這種說法，看來真的很有道理。」

「那麼，生意一直都不錯吧？」我很想把話題談得更深入些，想了解他們如此迅速累積財富的方法。

「生意很好，」富爸爸回答道，「新型的波音747飛機把世界各地大量的遊客運到夏威夷來，想要生意不好都不行。但我們真正的成功是我們的投資而不是生意，邁克就在管理這些投資。」

「恭喜你啊！」我對邁克說，「做得漂亮。」

「謝謝。」邁克說，「但這並不完全是我個人的功勞，因為是爸爸的投資方式很有效。我只是按照這些年他教我們如何做生意和投資的方法去做而已。」

「你們終於嘗到甜頭了。」我說，「我簡直不敢相信，你竟然能住在這個城市最高級的富人區。你記得我們還在當窮孩子時，兩人夾著衝浪板、閃閃躲躲地在那些有錢人的房子中間跑著，想要跑到海灘上的情景嗎？」

邁克笑了，「怎麼不記得，我還記得被那些又吝嗇、脾氣又壞的有錢人追趕的情景，現在，我也成為會趕孩子的凶惡有錢人了。誰又會料到你和我會住在……」

他忽然察覺到他的失言，連忙停了下來。或許，他想起只有他自己住在這兒，而我還是住在對面海島上破舊的軍營裡。

「對不起。」他說，「我……不是想說……」

「不必道歉。」我露齒一笑，「我為你高興，看到你現在這麼富有、這麼成功，我真替你高興。這是你應得的，因為，你花時間學習怎樣經營生意。再過一年，我和海軍陸戰隊的約滿後，我就會走出軍營。」

富爸爸發現邁克和我之間的尷尬後，於是打斷了我們的談話，「他做得比我好，我為他感到驕傲、為我的兒子和兒媳感到驕傲。他們是很棒的組合，他們贏得了現在擁有的一切。如今，你也從戰場上回來了，該輪到你了，羅勃特。」

能跟著你們一起投資嗎？

「我想和你們一起投資。」我急切地說，「我在越南時存了三千美元，我希望在我花掉它之前，能拿它做投資，我能和你們一起投資嗎？」

「嗯，我介紹一個很不錯的股票投資經紀人讓你認識。」富爸爸說，「我相信他會提供給你許多很好的建議，甚至還能提供給你一些投資竅門。」

「不、不、不。」我反對道，「我想投資你們所投資的東西。好啦，你們知道我認識你們多久了。我了解，無論你們幹什麼、投資什麼，都會有回報。我可不想去找一個股票經紀人，我只想和你們一起做生意。」

房間裡一陣沉默，我等待著富爸爸或邁克的回應，但這種沉默漸漸變得令人緊張起來。

「我說錯什麼嗎？」我終於打破沉默問道。

「沒有，」邁克說，「我和爸爸正在投資一些令人興奮的新專案，但我認為你最好還是先和我們的一個股票經紀人談談，然後，在他的幫助下投資。」

又是一次沉默，只有傭人收拾桌子時杯碗發出叮叮噹噹的聲音，這時，邁克的妻子康妮也起身告退，帶著孩子進到另一個房間去了。

「我不懂。」我轉過身面向富爸爸繼續說道，「這些年，當你們在發展事業時，我一直照著你們的建議在做，但我卻瀕於一無所有的境況。你說我該上大學，我就進了大學；你說一個年輕人應該為他的國家而戰，我就去參軍打仗。現在我已經年齡不小，而且有一點錢可以投資了，但當我說要跟著你們投資時，你們就這樣猶豫遲疑。我真的不懂，為什麼你們老是潑我冷水——是想冷落我，還是想把我推開？難道你們不想讓我也像你們一樣富有嗎？」

「這不是澆冷水。」邁克回答說，「我們也從未冷落你或不希望你富有，而是因為現在一切都不同了。」

富爸爸緩緩地點了點頭，默然地表示同意。

「我們很樂意你投資我們所投資的專案。」富爸爸最後說，「但那是不合法的。」

「不合法？」我難以置信地叫出聲來，「你是說你們在從事違法的事嗎？」

「不是，不是。」富爸爸輕笑道，「我們絕對不會做任何違法的勾當。以合法的手段致富太容易了，用不著冒蹲在牢裡的風險去做違法的事。」

「正因為我們所做的投資都是合法的，所以如果讓你和我們一起投資，那就是違法的了。」邁克說。

「我和邁克正在進行的投資是合法的，但如果你做的話就是非法的。」富爸爸試圖總結邁克的話。

「為什麼？」我問道。

「因為你不夠富有。」邁克輕聲說道，「我們做的投資是富人才有資格做的投資。」

儘管，邁克的話很直接，但我明白，身為我最好的朋友，他說出這些話是很困難的。雖然，他們的語調已經盡可能地和緩，但這些話卻仍然像利刃般插進我的心房。我開始感受到存在我們之間的經濟鴻溝。雖然，我的父親和邁克的父親同樣都是白手起家，但邁克和他父親卻獲得了巨大的財富。

正如他們說的，我和我父親仍然走在和他們不同的道路上。我能感受到，這幢擁有白色沙灘的房子離我還很遠，這段距離甚至不能以英里來衡量。我環抱著雙臂，靠在椅背上，陷入沉思之中。我靜靜地點了點頭，在那一刻對我們的生活做了一個總結。同樣是二十五歲，但在財務方面，邁克已領先我二十五年。而在此同時，我父親等於是被國家辭退，在他五十二歲那年起，變得一無所有，於是不得不重新展開自己的事業。而我，甚至還沒有開始呢！

「你沒事吧？」富爸爸輕聲問道。

「哦，沒事。」我回答，並盡可能地掩飾由於對自己和家庭深感愧疚而帶來的傷害，「我只是在思考一些事情，並且理清我的思路。」我勇敢地咧開嘴笑了笑。

屋裡一片沉靜，只聽到外邊浪花拍打海岸的聲音，還有海風吹過這座美麗的房子。邁克、富爸爸和我坐在那裡，我努力詮釋著聽到的資訊和要面對的現實。

「也就是說，因為我不夠富有，所以我就不能跟著你們一起投資了。」回過神後，我無奈地說，「如果投資你們所投資的專案，我就會犯法？」

富爸爸和邁克同時點點頭，「在某些情況下是這樣的。」邁克補充道。

「這是誰制定的法律？」我問。

「聯邦政府。」邁克答道。

「還有證券交易委員會。」富爸爸補充道。

「證券交易委員會？」我問道，「證券交易委員會是個什麼機構？」

「證券交易委員會是在前總統約翰．甘迺迪的父親約瑟夫．甘迺迪倡導下，於三〇年代創立的。」富爸爸答道。

「為什麼要成立這個機構呢？」我問。

富爸爸笑了，「是為了保護大眾免受不法的瘋狂交易商、商人、經紀人和投資人的欺騙。」

「你笑什麼？」我問，「這看起來是件好事，不是嗎？」

「是啊，非常好。」富爸爸答道，仍帶著笑意，「一九二九年股市暴跌之前，有許多可疑的、不可靠的、劣質的投資向大眾出售。謊言與誤報層出不窮，因此才成立證券交易委員會以便於進行監督。這個機構制定並負責執行一些條例，扮演著極重要的角色，沒有證券交易委員會，股票市場將會一片混亂。」

「那你為什麼要笑呢？」我繼續追問。

「因為它在使大眾免受最壞投資之苦的同時，也將他們擋在最好的投資外。」富爸爸用較為嚴肅的語調說。

「既然證券交易委員會使大眾避免了最壞的投資，且又使他們和最好的投資無緣，那麼大眾投資的都是些什麼專案呢？」我問。

「淨化了的投資，」富爸爸回答，「也就是在證券交易委員會指導下的投資。」

「那有什麼不對嗎？」我問。

「沒有。」富爸爸說，「我想這是個好主意。我們必須有法規、必須執法，而證券交易委員會就這樣做了。」

「那你剛剛的笑是怎麼回事呢？」我問，「我認識你已經這麼多年了，我知道你還有些事沒說，那才是引你發笑的原因吧？」

「我已經說了。」富爸爸答道，「我之所以笑，是因為在保護大眾遠離最差投資的同時，證券交易委員會同時也使大眾與最好的投資無緣。」

「這就是富人變得更富有的原因之一？」我輕聲問道。

「你說對了。」富爸爸說，「我笑就是因為看見了這個頗具諷刺性的狀況。大家投資都是因為想變富有，但由於有些人本身不富有，所以就被禁止投資那些可以讓他們變富有的東西。只有當你是富人時，你才能投資富人投資的東西，所以富人就變成愈來愈富。在我看來，這是很具諷刺意味的。」

「為什麼要這樣做呢？」我問，「這不是在阻止窮人和中產階級變富嗎？」

「不，也不是這樣說的。」邁克說，「我認為它確實是為了保護窮人和中產階級的利益。」

「什麼意思？」我問。

「因為在現實中壞交易比好交易多得多。如果一個人不夠清醒，將所有的交易無論好壞都一視同仁的話，那麼，等待他們的將是巨大的損失和可怕的危機，但是想把複雜的投資區分為好和壞，需要足夠的知識和豐富的經驗，你需要能老練地辨別出導致投資成敗和引發投資風險的原因，只是多數人都沒有這種知識和經驗。」富爸爸說，「邁克，為什麼不把我們最近正在考慮的那件商業計畫拿出來看看呢？」

邁克從他的辦公室拿出一本大約兩英寸厚的文件夾，紙上全是數位、圖片和地圖。

「這就是我們正在計畫投資的一個專案。」邁克坐下說，「這是一種不用登記的證券，這種投資有時也被稱作『證券私募協議』（private placement memorandum）。」

只見邁克翻過一頁一頁的曲線圖、表格、地圖及說明此項投資風險與收益的文字，我則是頭腦一片空白。當他向我滔滔不絕解釋這些內容，並告訴我，他為什麼認為這是一個絕佳的投資機會時，我卻呈現反應遲鈍、昏昏欲睡的樣子。

看到我突然被塞了這麼多陌生的資訊而暈頭轉向時，富爸爸打斷邁克的話說：「我想還是先讓羅勃特看看這些東西比較好。」

說著同時，富爸爸拿出來一本名為《一九三三年證券法案中的免稅》（*Exemptions from the Securities Act of 1933*）的書，並從中挑出一段文字指給我看。

「這是你必須先要弄懂的地方。」他說。

我往前傾了下身子，以便能更清楚讀到他手所指的文章。這文章寫道：

「本投資僅適用於經過認定的特許投資者。經過認定的特許投資者，是被普遍認可的、且具有下列條件之一的人：

- 淨資產為一百萬美元或一百萬美元以上的人。
- 最近幾年中每年收入二十萬美元或二十萬美元以上（或夫婦年收入三十萬美元）、並能保持此收入水平的人。」

我靠回椅背說道：「這就是不讓我和你們一起投資的原因了。這種投資只適用於有錢人。」

「或是高收入的人。」邁克補充了一句。

「並非是這些規定太苛刻，而是即使你能投資這個專案，所需最低限額也得要三萬五千美元，而這還只是一個投資單元的成本，即所謂的單元成本。」

「三萬五千美元！」我倒吸了一口氣，「真是高風險投資。你是說要投資這個專案每個人最少都要投下去這麼多錢？」

富爸爸點點頭，「國家付給你這樣的海軍陸戰隊飛行員多少薪水？」

「飛行費加上在越南的戰鬥費，每年能領到一萬兩千美元，但還不知道如今在夏威夷駐軍能領多少薪水。我也許還能有些生活津貼吧，但肯定沒多少，可能還不夠在夏威夷的生活開銷。」

「所以對你來說，能存下三千美元已經是一個不錯的成績了。」富爸爸盡力想讓我高興起來，「你竟然節省了總收入的25％。」

我默默地點了點頭，意識到自己和特許投資者的標準還有那麼遙遠的一段距離。即使在海軍能坐上將軍的位子，賺到的工資也達不到特許投資者的標準。就算是美國總統好了，除非他已經很富有，否則單靠薪水也很難達到這個標準。

「那我該怎麼做？」最後我問，「我可不可以給你們三千美元和你們一起做投資，然後等生意成功後再分紅？」

「可以。」富爸爸說，「但我不會建議這種作法，特別是對你。」

「為什麼？」我問，「為什麼我不行？」

「因為你已經有很好的財務教育基礎了，你的才能遠不止成為一個特許投資者。如果你願意，你已經可以成為一個智謀型的成功投資者，有能力獲得遠遠超出你現在夢想的財富。」

「特許投資者？智謀型的投資者？這兩者有什麼區別？」我問的同時，似乎看到了新生的希望之光。

「問得好。」邁克笑著說，他好像忽然感覺到他的朋友正走出萎靡的狀態。

「特許投資者的概念，是用於定義因為有錢而有資格投資的人，因此，也被稱為特許投資者。」富爸爸解釋道，「但光是有錢還稱不上是智謀型的投資者。」

「他們的區別在哪裡？」我問道。

「你有沒有看到昨天報紙的頭條新聞？一個好萊塢電影明星因為投資被詐騙，而損失了幾百萬美金。」富爸爸說。

我點頭答道：「看了，他不僅損失了好幾百萬美元，而且他還得向稅務部門繳納這場交易中未繳的所有稅金呢！」

「這就是一個特許投資者或所謂合格投資者的典型例子。」富爸爸繼續說，「光是有錢，並不代表你就是一個智謀型的投資者。所以這也就是我們常聽到許多高收入者，如醫生、律師、搖滾歌星、職業運動員在一些不可靠的投資中損失慘重的原因。他們雖然有錢但不夠有謀略；他們雖然富有卻不知如何安全投資獲取高額回報。任何商業活動在他們眼裡並沒有什麼不同，他們很難辨別其中的優劣。所以他們就喜歡做『淨化』的投資，或是僱一個他們信任的專業財務經理替他們投資。」

「那麼，您對智謀型投資者如何定義？」我問。

「智謀型投資者具備3個E。」富爸爸說。

「3個E，」我重複說道，「什麼是3個E？」

富爸爸將我們正在看的《證券私募協議》翻過來，在背後寫下了幾個字。

1、教育（Education）

2、經驗（Experience）

3、多餘的現金（Excessive cash）

「這就是3個E。」富爸爸抬起頭說，「只有具備這三個條件，你才有可能成為智謀型投資者。」

望著這三個條件，我說：「所以，那個電影明星雖然有多餘的現金，但缺乏前兩個條件。」

富爸爸點頭表示同意，「還有很多人受過良好的財務教育，卻缺乏經驗，沒有親身經歷，而且他們通常也缺乏多餘的現金。」

「當你向這類人解釋一些事情時，他們總愛說『懂了』，但實際上做起事來，他們還是外行。」邁克補充道，「我們的銀行家總是對爸爸和我所做的事說『我知道』，但由於各種原因，他總是沒有去做到他宣稱所知道的事情。」

「所以，你們的銀行家不會像你們一樣有多餘的現金。」我有所領悟。

富爸爸和邁克點頭同意。

談話結束了，屋裡又是一片沉默。我們三個人各自陷入沉思當中。富爸爸示意女傭端來咖啡，邁克把文件夾拿回去放好。我交叉雙臂坐在那裡，透過邁克漂亮的房子凝視著窗外深藍色的太平洋，為我今後的發展方向細細打算。我已經按照父母的願望完成大學學業，兵役也即將結束，我可以自由選擇最適合的道路了。

「在想什麼？」富爸爸輕啜著剛煮好的咖啡問道。

「我在想我應該去做哪種人，我現在已經長大了。」我答道。

「你想當哪種人？」邁克問。

「我在想，或許我應該成為智謀型的投資者。」我平靜地回答。

「明智的選擇。」富爸爸說，「你已經有了好的開始，因為你已具備良好的財務教育基礎，接下來的就是經驗問題了。」

「我怎樣才能知道到什麼時候就具備了這兩個條件呢？」我問。

「當你有了多餘的現金時。」富爸爸笑了。

我們三人都笑了，各自舉起手中的玻璃杯，「為多餘的現金。」

然後富爸爸又說：「為成為智謀型投資者。」

「為多餘的現金，為成為智謀型投資者。」我在心中默默反覆念著。我喜歡這串縈繞在腦海中的話。

邁克吩咐司機，把我送回到昏暗髒亂的單身軍官營房。在回來的途中，我一直在思考今後的路該如何走。我已成人、已完成了父母的期望……得到了大學教育，也在國家需要我時報效了國家。現在是該自己決定做點什麼的時候了。學習成為一個智謀型投資者的想法深深吸引著我，將有機會繼續向富爸爸學習，直到獲得所需要的經驗為止。而這次，富爸爸將會待我像大人般地，給我一個成人的引導。

二十年後

一九九三年，富爸爸把他的財產分配給他的兒子、孫子及他們將來的孩子，在未來一百年的時間裡，他的繼承者們將不用再為錢發愁。邁克得到了公司最主要的財產，並不斷地為這個由富爸爸一手創建的金融王國添磚加瓦。

我用二十年取得原以為十年就能獲得的東西。正如富爸爸所說：「第一個一百萬最難賺。」

回想一下，其實賺一百萬並沒有這麼難，難的是留住這一百萬，並讓它為你賺更多的錢。儘管如此，我還是得以在一九九四年四十七歲時退休，因為我已有足夠的錢去享受生活了。

然而，我並不是退休在家讓別人羨慕，真正令人激動之處，是可以做為一個智謀型的投資者，自由自在地去投資。能夠像邁克和富爸爸那樣，投資是一個值得努力的目標。早在一九七三年的那一天，富爸爸和邁克說我還沒富裕到能跟他們一起投資時，我就下定決心要成為一個智謀型的投資者，這一天成了我一生的轉捩點。

以下所列是所謂的「特許投資者和智謀型投資者」的投資專案：

1、私募證券
2、不動產組合與有限合夥公司
3、上市新股
4、首次公開發行（雖然對所有的投資者開放，但很難買到）
5、次級融資
6、兼併與收購
7、創業貸款
8、對沖基金

對普通投資者來說，這些投資有太多的風險。不是因為它們本身風險大，而是因為普通投資者常常因缺乏知識、經驗和充足的現金，而不明白他們自己到底從事的是什麼專案。我現在站在證券交易委員會一邊了，因為證券委員會確實透過禁止非特許投資者投資一些專案，從而實際上保護了投資者，而我本人就在投資路上親身經歷了一些錯誤和挫折。

今天，身為一個智謀型的投資者，我正投資於這些專案。如果你清楚自己所做的事，並始終保持清醒的頭腦，那麼風險性就會降低，而潛在的回報也會很豐厚。這就是富人們經常進行的投資。

儘管我也曾有所損失，但經營良好時的回報是相當可觀的，並遠遠超過了少數幾次的損失。正常情況下資本報酬率為35％，而1000％以上的報酬率偶爾也有過幾次。我之所以喜歡做這樣的投資，是因為我發現它是如此讓人興奮、如此具有挑戰性。它不是簡簡單單地「買進一百股或賣出一百股」的問題，也不是「收益高低」的問題，這都不是做為一個智謀型投資者所要關心的。

做這樣的投資將離資本主義的「引擎」愈來愈近。上述的一些投資均為風險投資，至少對普通投資者來說，風險太大了。而事實上，這些投資並不冒險，之所以普通投資者會認為它充滿風險，都是因為缺乏知識、經驗和充足的現金所造成的。

我的投資道路

本書不講投資，專講投資者及邁向智謀型投資者之路。現在該是你想辦法獲得3E的時候了，也就是知識、經驗和充足的現金。

《富爸爸，窮爸爸》是寫我小時候接受財務知識教育的歷程。《富爸爸，有錢有理：財務自由之路》是《富爸爸，窮爸爸》的續集，講的是我從一九七三年到一九九四年之間，做為一個年輕人所走的財務教育之路。這本《富爸爸投資指南》（原書名《富爸爸，提早享受財富》）則是根據我早年親身經歷的教訓，以及如何透過這些教訓獲取3E，進而成為一個智謀型投資者的經歷所寫成的。

一九七三年，我用我僅有的三千美元去投資，沒有太多的投資知識和現實生活經歷。但到了一九九四年，我成為一個智謀型的投資者。

多年前，富爸爸曾說：「就像提供富人、窮人和中產階級的房子不一樣那般，對每一種人提供的投資種類也是不同的。如果你希望像富人一樣投資，你不但要變得富有，還需要成為一個智謀型的投資者，而不是僅僅當一個投資的富人而已。」

成為智謀型投資者的五個階段

富爸爸將我的發展計畫分為界限分明的五個階段，而我又加以組織為不同階段、課程與章節。這五個階段分別是：

1、你已做好成為投資者的思想準備了嗎？

2、你想成為哪種類型的投資者？

3、如何創立強大的企業？

4、誰是智謀型的投資者？

5、財富的社會回饋。

本書僅僅是一本指南，它不會給你具體的答案。本書的目的在於幫助你了解該提哪些問題，若本書在此方面確實對你有所助益，那它算是達成使命了。富爸爸說：「你不可能教會別人成為一個智謀型投資者，但人們可以透過一些指導，自己學會並成為智謀型投資者，就像學騎自行車，我不可能教會你騎，但你可以自己去學著騎。學騎車需要冒險、磨練，甚至出錯，當然，還要有適當的指導，學投資也是一樣的道理。如果你說你不想冒險，那就等於是說你不想學。如果你不想學，那我也無法教你。」

如果你想找一本關於投資技法的書，或想找一本關於快速致富祕訣的書，這本書就不適合你，甚至可以說不會有任何一本書真的適合你。與其說本書講的是關於投資的事情，不如稱之為關於學習的書，是專為那些希望探尋自己的致富之路，而不是盲目追逐別人的致富捷徑的人而寫。

本書介紹富爸爸講的五個投資發展階段。這些階段他都曾親身經歷過，也是我目前正在經歷的。如果你正在學習如何獲得巨大財富，閱讀本書時你就會注意到富爸爸的五個階段，是世界上最富有的商人和投資者們所必須經歷的階段。微軟的創立者比爾．蓋茲、美國最富有的投資者華倫．巴菲特、通用電氣創始人湯馬斯．愛迪生都經歷這五個階段。這五個階段也正是現在那些年輕的科技新貴百萬富翁、甚至億萬富翁們，或是正處於二、三十歲的新一代網路精英們正在經歷的階段。當然，現今的資訊時代與過去的工業時代是有區別的，這些年輕人更加快速地經歷著這些階段。當然，或許你也可以做到。

你們是革命的一部分嗎？

工業革命造就了巨大的財富和一大批家財萬貫的名門望族，而在資訊革命的今天，歷史又重新開始上演這一幕。

我發現一個有趣的現象：當今社會既存在著二十、三十、四十歲創業成功的百萬和億萬富翁，也有四十歲以上靠每年五萬美元工資拮据過日子的人。造成這種巨大差異的原因之一，是從工業時代向資訊時代的轉變。當人類進入工業時代時，像亨利．福特、湯瑪斯．愛迪生這類人成了億萬富翁；而今天當我們進入到資訊時代，比爾．蓋茲、邁克爾．戴爾，以及許多網路公司的創始人們紛紛成為百萬富翁，甚至是億萬富翁，並且這些二十幾歲、三十幾歲的精英分子很快會在財富方面超越前人。這就是時代變遷的力量——從工業時代邁向資訊時代轉變的力量。人們常說：再也沒有一種力量比適時出現的新思想更強大、比墨守陳規更有害的事了。

對讀者來說，本書也許能幫助你反思舊觀念，尋求新的致富之法，它也許能夠成為你生活中一次巨大轉變的開始。而這種轉變一旦發生，就如同從工業時代進入到資訊時代那樣迅速。它也許會幫助你，替自己的生活定義出一條財務之路。它介紹的思維方式，更像企業主和投資家的思維模式，而不會像雇員或自由職業者那樣思考問題。

多年以來，我經歷了這些階段，而且現在仍在經歷著。讀完本書後，讀者將可以決定是經歷相同的五個階段，還是放棄這個不適合你的發展道路。假如你最後決定踏上和我相同的道路，那你經歷這些階段的速度也全在於你自己。

請記住，這本書不是講快速致富的，如果你選擇經歷這樣的個人發展和教育階段，現在，我們就開始談談第一階段——思想準備的階段。

你做好當投資者的思想準備了嗎？

富爸爸經常說：「你認為錢是什麼東西，它就是什麼東西。」他所要表達的意思是說，錢來自我們的思想、來自我們的頭腦。如果有人說「賺錢真難」，那麼錢也許真的就會很難賺。如果他說「哦，我永遠也富有不了」或「要致富太難了」，那麼，他的這些話有可能就會變成現實。假如，有人說「致富的唯一途徑就是拚命工作」，那麼他就可能始終在拚命工作。假如，他又說「如果我有很多錢，我會把它存進銀行，因為，我實在不知道該怎麼用它」，那麼他也就只會把錢存入銀行。也許，你會驚訝，為什麼結果總和思想一致，就好像假如有人說「投資有風險」，投資果真就遇到了風險。正如富爸爸所說的：「你想讓錢做什麼，它就會做什麼。」

富爸爸曾提醒我說：「要成為智謀型投資者需要做的思想準備，其程度就像攀登喜馬拉雅山珠穆朗瑪峰所做的思想準備，或是為做僧侶所要進行的思想準備。」當然，他是在開玩笑，但同時也是在提醒我，在思想上不要輕視這個階段。他對我說：「你的起步和我相同，我們都是白手起家，我們擁有的只有希望和得到財富的夢想。雖然有很多人夢想著致富，卻只有極少數人能夠夢想成真。所以你一定要仔細考慮，做好思想準備，因為你要學的是，只有少數人才有資格投資的投資方式。你將從內部而不是從外部洞悉投資世界，在這裡，你將學到使生活和投資更容易的方法。所以，當你已決定走上這條投資之路時，一定要慎重考慮、做好準備。」

第二章　投資第二課：何謂富人的投資

那晚，回到基地昏暗的單身軍官營房後，我度過了艱難的一夜。其實那天早晨我離開時，還覺得營房是一個不錯的地方，但在邁克家度過一天後，忽然感到它是如此的破舊、髒亂。

如我所料，我的三個室友又在邊喝啤酒邊看棒球比賽轉播，屋子裡到處都是裝披薩的盒子和啤酒罐。我從共用的起居室經過時，他們沒有說什麼，只是繼續盯著電視。我走進房間，關好門，多麼慶幸還有個屬於自己的私人房間，我真的有許多事情需要好好想一想了。

二十五歲時，我終於理解到九歲那年，第一次向富爸爸學習時所無法理解的問題。我認識到富爸爸多年來不懈地努力為他的財富打下堅實基礎。他們以鎮裡窮人的身分起步，極盡節儉，創立事業，購買地產，制定走上富裕之路的計畫。

當我和邁克還在讀中學時，富爸爸就已經把自己的業務擴展到夏威夷群島的其它島嶼，購置不動產，購買公司，向他的目標堅實地邁進。當我和邁克上大學時，他的事業又向前邁進了一大步，成為檀香山（Honolulu）和威基基海灘（Waikiki）主要的私人投資商之一。當我在越南為海軍陸戰隊飛行時，他已完成自己強大、堅不可摧的財富基礎。

現在，他和家人正在享用他們的成功果實，再也不用住在外島的貧民區，他們現在住在檀香山最富裕的富人區。我知道，他們不僅是表面上看起來很有錢，如同住在那兒的人一樣，重要的是他們的確很富有。我這樣說是因為他們讓我看了審計過的財務報告，這可不是人人都能得到的特權。

與此相反的是，我的親爸爸這時卻失業。他一直在政府裡工作，努力地向上爬，然而，最後卻失寵，被夏威夷政府的政治機器所拋棄。當他反對他的上司競選州長時，他失去他一直在爭取的一切。名列政府的黑名單，他試圖重頭開始，但是，他沒有財富基礎。儘管，他五十二歲，而我剛過二十五歲，我們竟然處於完全相同的經濟狀況，都沒有錢。我們都曾受過大學教育、都有能力找到另一份工作，但談到財產，我們卻一無所有。那夜，我靜靜地躺在床上，想著自己的生活道路該怎麼走。的確，很少有人有這樣寶貴的機會，透過對比兩個爸爸的道路來選擇適合自己的道路。我慶幸，我不是輕率地選擇人生之路。

富人的投資

儘管，那晚有很多事情湧入我的腦海，但我還是對這樣一個事實感到好奇：這個社會有僅為富人提供的投資，還有為其他人提供的投資。我記得小時候為富爸爸工作時，他所談的全是如何創建企業。那麼現在他富有了，他所談的全都是投資，而且是有錢人的投資。那天午飯後，他解釋道：「我創建企業的唯一原因，就是這樣做能使我像富人那樣做投資；創建企業可以讓你的企業為你購置資產。如果沒有企業，我就無法投資那些富人投資的專案。」

富爸爸接著特別解釋雇員投資和企業投資的差別。他說：「做為一個雇員，大多數的投資專案對他們來說都是很昂貴的，但如果讓我的企業為我買下這些投資，就會變得容易許多。」當時的我不懂這句話的含義，但我知道這種區分是很重要的。

現在，我充滿好奇，並希望盡快了解區別所在。富爸爸研究過公司法和稅法，並找到利用法律為他賺很多錢的方法。我整晚都沉浸在種種夢想中，激動得想在第二天一早就打電話給富爸爸，並且一直輕聲地對自己說：「富人的投資。」

不同象限，不同路徑

當我還年輕時，不知道在金錢問題上該聽哪個爸爸的話。他們都是勤勞而善良的人，堅強而具有個人魅力；他們都希望我上大學，又讓我參軍為國家服務。但在金錢問題及長大後該做什麼的問題上，他們的建議卻相差甚遠。現在，我可以自己去比較窮爸爸和富爸爸，他們各自選擇的職業道路所帶來的不同結果了。

窮爸爸建議我「去上學，爭取好成績，然後找一份有各項福利的安全、穩定工作」。他所建議的職業道路是這樣的：

相反地，富爸爸說：「學會創立企業，學會透過你的企業去投資。」他所建議的道路如下：

《富爸爸，有錢有理：財務自由之路》一書講述每個象限中的人在情感和專業上的本質不同。這些不同的本質相當重要，因為它們最後決定一個人趨向採納哪個象限做為自己的發展道路。例如：想找一份安定工作的人大多會選擇E象限。E象限裡的人包括從公司裡的大樓管理員到公司老總。想自由自在地為自己做事的人常屬S象限，他們是自由職業者或小企業主。我曾說S代表「獨立」和「聰明」，因為在此象限中，你會發現很多諸如醫生、律師、會計師或其他專業顧問之類的人。

《富爸爸，有錢有理：財務自由之路》詳細介紹S象限（此為大多數小企業主選擇）和B象限（代表大企業）之間的不同。

本書裡，我們將更加詳細介紹不同象限操作技巧上的差異，因為富人和其他人的不同之處也就在此。

課程重新開始

小時候，我曾經在富爸爸的小餐館裡一坐就是幾個小時，聽他討論生意方面的事情。他們在討論時，我就坐在一旁喝汽水，而富爸爸和他的銀行家、會計師、律師、股票經紀人、不動產經紀人、財務計畫者和保險代理人，一起商討著生意上的事情。這就是我商業教育的啟蒙。在我九到十八歲的那段期間，我有很多時間是在聽這些男男女女討論處理生意中的難題。但這些課程在我去紐約讀大學時終止，而後我又為海軍陸戰隊服役五年。現在，我的大學教育已完成，軍旅生涯也將結束，已經準備好繼續富爸爸的課程。

我打電話給他，準備好繼續課程，這時富爸爸已把生意交給了邁克，正處於半退休狀態，他正想找些事情來做，而不是整天打高爾夫球。

當邁克正忙於經營他的商業王國時，我和富爸爸正在威基基海灘的一個旅館午餐。這裡陽光和煦、微風徐徐，海面上泛著點點美麗的浪花，讓人彷彿置身在天堂之中。富爸爸驚異地看著我身著軍裝走進來，因為他沒見過我穿軍裝，他一直把我看成是身著休閒服、短褲、牛仔褲和T恤的孩子。

我猜他終於意識到高中畢業後的我已經長大，現在的我已看見大千世界的諸多方面，也已在戰爭中經歷考驗。這次見面我穿著軍裝，是因為我正在飛行期，而且不得不在當晚返回基地飛行。

「這就是你高中畢業後一直在做的事吧？」富爸爸說。

我點頭答道：「我在紐約的軍事學院待了四年，又在海軍陸戰隊待了四年，還有一年退役。」

「我真為你感到驕傲。」富爸爸說。

「謝謝。」我答道，「但我想不穿軍服感覺會更好些吧！被那些嬉皮和反戰人士唾棄、怒視或被稱作『兒童殺人犯』真的很難受。只希望早點結束戰爭。」

「我慶幸邁克不用去。」富爸爸說，「他也想入伍，但他身體差而沒能入選。」

「他很幸運。」我說，「我在戰爭中失去的朋友已經夠多了，可不願再失去邁克。」

富爸爸點頭問道：「明年退役後有什麼打算？」

「我有三個朋友被分發到航空公司當駕駛員。現在去航空公司工作相當困難，不過，他們說可以透過一些關係讓我進去。」

「那麼你想到航空公司當飛行員囉？」富爸爸問。

我緩緩點了點頭。「嗯，這是我一直在做的事情，我也確實一直都想當飛行員。薪水不錯，津貼也很好。此外，我的飛行訓練一直很密集。」我說，「戰爭已把我變成一個很優秀的飛行員。如果我為一間小航空公司飛行一年，因此便能具有飛多引擎飛機的豐富經驗，那我也許就能嘗試駕駛大型飛機了。」

「這就是你對未來的打算嗎？」富爸爸問。

「不。」我答道，「當我看到我爸爸身上發生的事，還有那天在邁克的新家午餐後，一切都變了。那天夜裡我輾轉難眠，一直在考慮你說的投資問題。我知道如果我為航空公司工作，那麼有一天，我也許會變成一個特許投資者，但我也知道我將永遠無法超越這個水平。」

富爸爸靜靜地坐著，輕輕地點頭，低聲說：「看來我的話擊中了你的要害。」

「正中要害。」我答道，「我想起我還是小孩子時你教導我的課程。現在我已成人，這些課程對我來說又有了新的意義。」

「你還記得什麼？」富爸爸問。

「我記得你拿走了我每小時十美分的工資，要我義務勞動。」我答道，「我記得這堂不讓我成為財迷的課。」

富爸爸笑道：「這堂課上得很費勁呢！」

「是啊。」我說，「但相當重要。當時，我爸爸對你大為光火，而他現在卻是一個因為沒有工資而掙扎度日的人。他和我的不同之處，在於上這堂課時，他五十二歲，而我當時九歲。在邁克家吃過午飯後，我就發誓絕不因為需要工資，就把一生拴在一個安定的工作上，這也是我選擇在航空公司工作時遲疑不決的原因。我想重溫你教過我的怎樣讓錢為我工作的那些課程，這樣我的一生就不會在為錢而奔忙中度過。不過，這次我想要您以成人的標準來授課。請教我更難的課程、教給我更多的知識。」

「那我第一課該講什麼呢？」富爸爸問。

「富人不為錢而工作。」我立刻回答，「他們知道怎樣讓錢為他們工作。」

富爸爸露出開心的笑容。他知道這些年我一直像個孩子般聽他的話。「很好。」他說，「這就是成為投資者的基礎，所有的投資者都要學習怎樣讓錢為他們工作。」

「這也是我最想學的。」我平靜地說，「我想學習，可能的話，還想把這些東西告訴我爸爸，他目前境遇很不好，五十二歲了還要試著重新開始。」

富爸爸說，「我知道。」

在這個陽光燦爛的一天，衝浪客在深藍色的海上浪花間飛舞，我的投資課程也因此開始了。

課程分為五個階段，每個階段都讓我上升到一個更高的認識層次……進而，我可以從一個更高的層次去理解富爸爸的思維過程和他的投資計畫。課程首先是講思想上的準備與自我控制，因為不管在什麼情況下投資，一旦開始，自始至終都需要自我控制。

富爸爸投資計畫的第一階段，是要在實際投資前做好思想準備。

就在一九七三年，當我躺在昏暗營區的床上時，我已開始思想上的準備工作。

邁克擁有一個累積巨大財富的父親是何其幸運，我卻沒那麼幸運。在很多方面，比起來，他早起步五十年，而我還沒有起步。

那晚，透過對窮爸爸選擇安定工作，以及富爸爸選擇為財富奠定基礎之間做出抉擇，我已開始思想準備。這就是真正投資過程中的起步，也是富爸爸投資課程的開始，它開始於一個人的選擇……在思想上，你決定是變富、變窮，還是變成中產階級，這是一個重要的決定，因為，無論你選擇什麼樣的經濟地位，是富，是窮，還是中產，你生命中的一切都將從此改變。

第三章　投資第三課：選擇

富爸爸的投資課開始了。

說到錢和投資，人們通常有三個理由去投資，它們分別是：

1、安全

2、舒適

3、富有

富爸爸接著說：「這三種理由都很重要，一個人的選擇不同，他的生活道路也就因此而不同。」他又繼續說，「大多數的人，賺錢和投資時都嚴格按照上述的順序。也就是說當談到錢時，他們的第一選擇是安全、第二選擇是舒適、第三選擇才是變富有。這就是為什麼大多數人把有安全保障的工作列為第一優先考慮的原因。在他們擁有一份安定的工作或職業後，他們才開始關心舒適，而變富有是多數人最後的選擇。」

一九七三年的一天，富爸爸說：「多數人都夢想著致富，但這並不是他們的第一選擇。」他又繼續說道，「在美國，一百個人中只有三個人算是富有，其原因就在優先選擇的順序。對大多數人來說，如果致富破壞他們的舒適，或是讓他們感到不安全，他們就會放棄致富。這也就是會有那麼多的人想獲得一個投資竅門的原因。那些把安全和舒適當作第一和第二選擇的人，力圖尋找快速、簡單、不冒風險又舒服的致富之路。但實際上，極少有人在符合這些要求的投資上幸運地變富，更多的時候，他們全盤皆輸。」

富有，還是快樂

我常聽見人們說：「快樂和財富比起來，我寧願選擇前者。」這樣的說法在我聽來非常奇怪，因為我曾經親身經歷過貧窮和富裕。在這兩種經濟狀況下，我也經歷了不快樂和快樂。我不明白人們為什麼總在快樂和財富之間做取捨。

當我回想這一課時，忽然想到其實大家真正的意思是說：我寧願放棄富有而選擇安全和舒適。因為，倘若他們沒有安全感和舒適感，他們就不會快樂。對我來說，我寧願以感到不安全、不舒適為代價而變得富有。我曾富過也窮過、快樂過也傷心過；但我向你保證，當我既窮又不快樂的時候，比富有但不開心時還不快樂。

我永遠不能理解的另一句話是：「錢不能讓你快樂。」儘管，它有些道理，但我總感覺當我有錢時，會比較開心。有一天，我在牛仔褲口袋裡發現十美元鈔票。儘管，只是十美元，我還是感覺好極了。找到錢的感覺，總是比找到一張我欠下的帳單好上許多。至少，這是我自己對金錢的感覺。有錢時，我高興；當它離我而去時，我感到傷心。

在一九七三年時，我把我的選擇重新調整為以下的順序：

1、富有
2、舒適
3、安全

如前所述，在錢和投資方面，這三個順序很重要。怎樣進行排序是很個人化的決定，你應該在開始投資前就做好此項工作。我的窮爸爸把安全排在首位，富爸爸卻把富有排在第一位。開始投資前，決定你的首選很重要。

意向測試

富有、舒適、安全這三者間的順序，體現一個人的價值取向。其中，某一個排序並非一定比其它好，但我知道，你選擇哪一個做為你最重要的部分，會對你所選擇的生活產生重大而深遠的影響。因此，你最看重三者中的哪一個，對你來說最關鍵，特別是當談及錢和財務計畫時更是如此。

以下即為意向測試：

你的核心價值為何？

請依照重要性排序，將你認為最重要的幾個核心價值寫出來：

1、

2、

3、

你們應該按照自己的真實想法列出順序，然後，認真地和你的妻子、丈夫或顧問討論，列出你的贊成與反對的清單。列出你的首選，將使你以後不再面對令人心煩的選擇和失眠的困擾。

90／10金錢規律之所以適用的原因之一，也許就是因為90％的人把舒適和安全列在富有之前。

第四章 投資第四課：富人眼中的世界是什麼樣的？

富爸爸和窮爸爸最顯著的差異之一，就是他們眼中的世界是不同的。

窮爸爸總是看到一個金錢匱乏的世界。這種觀點反映在他的談話中，「你覺得錢長在樹上嗎？」或者說：「你覺得我在印鈔票嗎？」或說：「我可付不起。」

我和富爸爸在一起的時候，我逐漸意識到富爸爸眼中是個截然不同的世界，他能看到一個有很多錢的世界。這個觀點同樣表現在他的話語中，比如：「不要擔心錢的問題，如果我們把自己的事做好，我們自然會有很多錢。」或「不要用沒錢當藉口，而不去爭取我們想要的東西。」

一九七三年，富爸爸在教我的一堂課上說：「一般只有兩種金錢問題：一種是錢太少；另一種是錢太多。你想碰到哪種問題呢？」

我現在開設的投資課也同樣有很多時間在解釋這個問題。大多數來聽課的人都存在著錢太少的問題。其實，金錢就是一種觀念，如果，你總認為錢太少的話，那麼，你的現狀就真的會是如此。我所擁有的優勢是，我來自兩個家庭，這樣我就可以感受到兩種金錢問題，並且相信這兩種都是問題。窮爸爸有缺錢的問題，富爸爸則是錢太多而產生的問題。

富爸爸對這種奇怪的現象是這樣評論的，「有些人透過繼承遺產、中彩票或去拉斯維加斯賭博一夕暴富，而後又突然一貧如洗，這是因為他們從心理上認為只存在一個金錢匱乏的世界。所以，他們很快會失去已經到手的財富，然後，又回到他們熟悉的金錢匱乏世界裡。」

改變「這個世界是個金錢匱乏的世界」的觀念，曾是我個人奮鬥的目標之一。從一九七三年起，富爸爸就讓我清醒地認識，一旦涉及金錢、工作和變富的問題時，我到底應該怎麼想。富爸爸確信窮人之所以貧窮，是因為他們只知道一個到處缺錢的世界。富爸爸說：「你有什麼樣的金錢觀念，就會有什麼樣的金錢現狀。直到你改變金錢的觀念，才能改變你的金錢現狀。」

富爸爸就他所看到的不同觀念，所帶來的不同情況的財務匱乏原因做了概述：

· 你需要的安全保障愈多，你在生活中的匱乏就會愈多。

· 一生中，你愈是競爭，例如在職場為工作、為晉升而競爭，在學校為分數而競爭，你就會愈匱乏。

· 一個人愈想得到更豐富的物質，就愈需要技能，就更需要創新精神和合作精神。有創新精神的人通常有很好的財務和業務技能，有合作精神的人則通常能為自己不斷地增加財富。

我可以看到我兩個爸爸的不同態度，我的親生父親總是叮囑我做事要尋求保障和安全；富爸爸則鼓勵我要提高技能並具有創新的能力。

本書講述的正是如何培養你的創新觀念，怎樣創造一個豐富的物質世界，而不是一個匱乏的物質世界。

在我們討論金錢匱乏的問題時，富爸爸突然拿出一枚硬幣說：「當一個人說『我負擔不起』時，這個人只看到硬幣的一面。當你說『我怎樣才能付得起』時，你就已經開始看到硬幣的另一面。問題是有些人即使看到事物的另一面，他們也只以眼睛去看它，而不用腦子去進行深層次的思考。那就是為什麼有些人只看到富人表面上做的事，而不知道他們真正在想什麼。若你真心想看到事物的另一面，你就必須要知道富人腦子裡真正在想什麼。」

本書也將介紹富人是如何思維的。

中彩票的人幾年後往往會破產，我問富爸爸這是怎麼回事？

他回答道：「一個人突然擁有很多錢，後來又破產，是因為他們仍然只看到了事物的一面。也就是說，他們仍沿用過去一貫的方式來管理錢，這就是為什麼他們苦苦奮鬥、但依然很窮的最基本原因。他們只看到一個金錢匱乏的世界。最安全的作法，莫過於把錢存進銀行靠利息過活。而能看到事物另一面的人，就會拿著這筆意外之財，使它安全並迅速地增值。他們之所以能做到這點，就是因為他們看到現實的另一面，在那一面是個金錢遍地的世界。他們能用他們的錢產生出更多的財富，因而更快地變富，而其他人卻不會利用他們手中的錢，因此，迅速地再次變窮。」

八〇年代末，富爸爸退休了，將他的公司全部交給邁克，之後，他找我小聚了一次。會面時，他給我看了一份三千九百萬美元現金的銀行報表。我吃驚地吸了口氣，他說：「其實這僅僅是在一個銀行裡的一部分。現在，我退休了，因為，我要全心全意地去做我的事，我將把錢從銀行裡取出來，做更有效益的投資。我想說的是，這是我的專職工作，而且每年我都將使它變得更富有挑戰性。」

會面結束，富爸爸說：「我花多年心血培養邁克管理這個能產生出更多錢的機器，現在，我退休了，該由他來管理這個機器。我能放心地退休，是因為邁克不僅懂得如何經營這個機器，還知道如果出了毛病，如何去修理它。一些富家子弟之所以會賠掉父母留下的錢，是因為他們雖然在寬裕的環境中成長，但從來沒有真正地學會去建造一個造錢的機器，也不知道如果它壞了，該如何去修理它。實際上，正是這些富家子弟破壞這個造錢機器。他們本身成長在金錢富足的世界裡，卻從來不知道進入這個世界該怎麼做。現在你就有機會用我的建議，轉變自己並進入富有的世界。」

自我控制的很大部分，就是改變個人的內在金錢觀。我不得不時常提醒自己：這個世界充滿財富，因為，從骨子裡我常常覺得自己還是個窮人。

每當缺錢的恐懼與焦慮在我的五臟六腑翻騰，當感覺愈來愈強烈時，我就會做富爸爸教我的練習，我對自己說：「世上有兩種金錢的問題。一種是錢太少的問題，另一種是錢太多的問題。你選擇哪一種？」我會在腦海裡不斷地問自己，即使我已處在財務恐慌中。

我不是那種不根據事實而只是一廂情願做事的人，也不是愛草率行事的固執之人。我這樣問自己，是為了與我本身固有的金錢觀念鬥爭。

一旦平靜下來，我會命令自己去尋找解決問題的辦法。出路可能是尋找新的答案、找新的顧問或參加一個我不擅長領域的培訓班。與我內心深處的恐慌做鬥爭的主要目的，是為了使我能夠平靜下來，然後繼續前行。

我注意到很多人都因金錢匱乏所引發內心的恐慌而被嚇倒，這種恐慌占據並主宰他們的生活，進而影響到他們對金錢和風險的態度。如我在《富爸爸，有錢有理：財務自由之路》中所寫的，人們的感情經常操縱著他們的生活，恐懼、懷疑諸如此類的情感，會導致自我貶低和缺乏自信。

九〇年代初，唐納德．川普（Donald Trump）個人債務有近十億美元，公司債務有九億美金。

一位記者曾問他是否很焦慮，川普回答說：「焦慮只會浪費時間，焦慮會阻止我想出解決問題的辦法。」我也注意到阻礙人們變富的主要原因之一，是他們往往擔心太多不太可能發生的事情。

富爸爸的投資第二課，就是教我們選擇不同角度去看兩個世界：錢太少的世界和錢太多的世界。然後，富爸爸進入到財務計畫這個重要的話題。

富爸爸堅信，錢少時有個財務計畫與錢多時有個財務計畫是同等重要的。他說：「如果你錢多時沒有計畫，那麼你就會失去所有的錢，並且回到你原來的計畫、回到沒有錢的世界，這是90％的人都熟悉的世界。」

愈求保障，變富機會愈低

富爸爸說過：「人們得到的保障愈多，他們的生活就愈不富裕。」保障與匱乏是結伴而行的。

這就是為什麼尋求安全保障的人，通常都是物質生活不豐富的人。90／10金錢規律之所以是正確的，是因為很多人花畢生精力去尋找安全與保障，而不是努力獲得更多的財務技巧。你學到的財務技能愈多，一生中的物質生活就會愈豐富。

就是憑著這些財務技能，使得富爸爸在即使沒有很多錢的情況下，也能在夏威夷買到價值昂貴的不動產。當然，這些財務技巧，也能使大家得到機會並帶來更多的錢。很多人能看到機會，但不能把握機會賺錢，所以只好去尋找更多的保障了。富爸爸還說過：「一個人尋求的安全保障愈多，他們變富的機會就愈少。他們僅僅只能看見事物的一面，而不能看到事物的另一面。這就是為什麼當人們愈努力追求安全保障，他們看見硬幣另一面的機會就愈低。正如偉大的棒球運動員約吉．貝拉說的那樣：『如果在十次擊球中，你只有七次被三振，那麼，你已進入成功的殿堂了。』」換句話說，若在他的棒球生涯中，他揮棒千次，並只有被三振七百次，那麼，他就一定會成名。讀了約吉．貝拉的話後，富爸爸說：「就因為很多人的保險意識過於強烈，深怕被三振出局，使得他們終其一生也不敢好好地大棒揮一次。」

意向測試

我是來自一個持「金錢匱乏」觀念的家庭。我個人的自我挑戰是不停地提醒自己：還存在著另一個世界，我需要敞開胸懷去看兩種世界都有可能發生在我身上。

這裡有兩個意向測試問題：

1、你能同時看到兩個金錢世界的存在嗎？一個是金錢匱乏的世界，一個是遍地黃金的世界。

是□　不是□

2、如果你生活在一個金錢匱乏的世界裡，你想知道你有生活在遍地黃金世界裡的可能性嗎？

想□　不想□

第五章　投資第五課：為什麼投資常令人困惑？

有一天，我在富爸爸的辦公室等他，他正在打電話。我聽到他說：「……所以今天你要做多頭，是嗎？」、「如果市場跌盤，你怎麼補差額？」、「好，好，現在我明白了，你購買雙重期權來軋平頭寸。」、「這支股票你要賣空嗎？」、「你為什麼不用賣出期權代替賣空？」

富爸爸放下電話時，我對他說：「我簡直聽不懂你在說什麼，投資讓我感到困惑。」

富爸爸笑著說：「我剛才所談的並不是真正的投資。」

「不是投資，那是什麼呢？聽起來就像電視、電影裡那些投資家說的話。」

富爸爸哈哈笑著說：「首先，投資對於不同的人來說，意謂著不同的東西。這就是投資看起來讓人困惑的原因。其實，大多數人知道的投資並不是真正的投資。人們在談論不同事物時，還以為是在談論相同的事物。」

「什麼？」我皺了皺眉頭，疑惑地說道，「人們在談論不同事物時，總認為是在談論相同的事物？」

富爸爸又笑了，開始為我上這一課。

投資對於不同的人來說，意謂著不同的東西

那天，富爸爸講課時，再三強調投資中非常重要的一點，「投資對於不同的人來說，意謂著不同的東西。」下面是這堂課中的一些核心部分。

不同的人投資不同的東西

富爸爸解釋不同的投資在價值上的不同體現。

- 一些人投資於大家庭，大家庭是贍養年邁父母的好方法。
- 一些人投資於良好的教育、工作保障和各種福利。這樣，個人和他們的技能都成了資產。
- 一些人投資於外部資產。在美國，約45%的人擁有公司股票。這個數字還會不斷地增長，因人們會意識到工作的保障和終生雇傭，將會變得愈來愈不牢靠。

存在許多不同的投資產品

這裡有一些不同類型投資的實例：

股票、債券、共同基金、不動產、保險、商品、儲蓄、貴金屬、對沖基金等等。

上面提到的每一項還能再分為不同的小項。

股票投資可再細分為：

- 普通股票
- 先股股票
- 擔保股票
- 小盤股票
- 藍籌股票
- 可兌換股票
- 科技類股票
- 工業股票
- 其它股票

不動產投資可再細分為：

- 單個家庭
- 商行
- 商業零售業
- 多個家庭聯合

- 倉庫
- 工業
- 未開發土地
- 場外交易的未開發土地
- 其它不動產

保險投資又可細分為：

- 無限期、限期、可變的人壽保險
- 通用保險、可變通用保險
- 混合保險（同一政策上的有期限和無期限保險）
- 第一保險、第二保險、死亡保險
- 提供買賣合約資金的保險
- 行政津貼和延緩補償保險
- 不動產稅金的保險
- 不合格養老金的保險
- 其它保險

有許多不同種類的投資產品，每一種都用來做不同的事情。這也是投資令人困惑的另一個原因。

不同的投資程式

富爸爸用「程式」這一詞來描述買賣、交易或持有投資專案的技術、方法和法則。以下是一些不同類型的投資程式：

- 購買、持有、待市（多頭）
- 先買後賣（不斷地交易）
- 先賣後買（做空頭）
- 雙向期權
- 美元成本平均法（做多頭）
- 經紀行（不持有頭寸）
- 儲蓄

根據程式、專案的不同，又可將投資者分為幾個種類。例如：

- 股票交易者
- 不動產投機者
- 收集稀有錢幣
- 商品期貨交易者
- 日常交易者
- 把錢存在銀行裡

以下為不同類型投資者及他們的產業種類、投資程式的實例。所有這些都增加投資的困惑感，因為在投資的旗號下，確實存在著下面這些人：

- 賭徒
- 投機商
- 交易者
- 儲蓄者
- 夢想家
- 失敗者

然而，他們之中有許多人都稱自己為投資者，的確，從技術上而言，他們確實是投資者，這也正是投資專案令人困惑的原因。

沒有人是全能專家

「投資對於不同的人來說，意義也不同。」富爸爸又說，「沒有一個人是所有投資專案的專家，因為存在著太多的投資產品和投資程式。」

每個人都有偏見

擅長股票投資的人會說：「股票是最好的投資辦法。」喜歡不動產的人會說：「不動產是所有財富的基礎。」而不喜歡黃金的人會說：「黃金是過時的商品。」

這樣一來，你就會加深偏見，真的變得迷惑不解。有人說：「要多樣化，不要把所有的雞蛋放在一個籃子裡。」然而，美國最偉大的投資者華倫·巴菲特等人又會說：「不要多樣化，要把所有的雞蛋放在一個籃子裡，然後，密切關注這個籃子。」

所有這些所謂專家的意見，都大大加重投資的迷霧。

相同的市場，不同的取向

增加困惑感的因素還有：每個人對市場走向和世界未來發展方向的問題，持有不同的觀點。如果你看財經台的新聞節目，那裡就會有所謂的專家說：「股市過熱，六週後會暴跌。」十分鐘後，另一個專家又會說：「股市將會繼續上揚，不會發生暴跌。」

高位買入

最近，我的一個朋友問我：「每次當我聽說一種熱門股票時，我剛剛把它買下，股市就開始下跌。也就是說，我在股票最熱時買下它，然而一天之後，股市就開始下跌。為什麼我總是高位買入呢？」

我也經常聽到另一些人抱怨：「我在股票價格下降時賣掉了股票，可是，第二天股價就又上升了。怎麼會出現這種情況呢？」

我把這類情況稱為「跟風」現象，或者是「你出售得太早」現象。投資於過去兩年內受歡迎的、排名第一的股票會出現問題，這個問題就在於真正投資者已經在那項投資中賺了錢。他們早早地潛伏在股市裡，但是在股價最高時提前退出了。對我而言，最讓我惱怒的就是聽到有人說：「我以兩美元一股買進，現在已經漲至三十五美元一股了。」這樣的傳媒和火爆消息不會給我帶來好處，只會讓我冒火。這也就是為什麼今天當我一聽到股市中一夕致富的傳言時，我走開避而不聽的原因，因為這樣的故事並不是真正的投資。

這是投資讓人感到困惑的原因

富爸爸常說：「投資令人困惑是因為它是一門大課題。如果環顧四周，你會發現人們在對許多不同事物投資。看看你家裡的家用電器吧，這些產品都來自於人們經常投資的公司。你使用的電力也來自於人們投資的公共事業公司。你一旦理解這句話，就再看看你的汽車、汽油、輪胎、安全帶、雨刷、引擎、火星塞、公路、馬路上的斑馬線、汽水、房間裡的家具、購物中心內你最喜愛的商店、辦公室大樓、銀行、飯店、頭上的飛機、機場的地毯等等。這些東西之所以存在，就是因為有人投資這些提供給你生活現代化物品的公司或機構。這才是投資的真正含義。」

富爸爸經常以這句話結束他有關投資的課程，「因為許多人認識的投資並不是真正意義上的投資，所以投資常令人感到困惑。」

在下一章裡，富爸爸引導我繼續減少困惑，並深刻理解投資的內涵。

意向測試

投資是一門有廣闊內涵的課題，對比不同的人持有不同的觀點。

1、你是否意識到投資對不同的人來說意義不同？

是□　否□

2、你是否意識到沒有一個人能通曉所有的投資專案？

是□　否□

3、你是否認識到一個人可能會說某種投資是會盈利的，而另一個人可能會說同一種投資很糟糕，而這兩種觀點都有確鑿的證據？

是□　否□

4、你想以開放的心態來學習投資、虛心聽取有關投資的不同觀點嗎？

是□　否□

5、你是否意識到致力於特定的產品或程式並不一定就是在投資？

是□　否□

6、你是否意識到對別人有好處的投資專案，對你可能毫無益處？

是□　否□

第六章 投資第六課：投資是計畫，不是產品或過程

經常有人問我：「我有一萬美元用來投資，你建議我投資什麼呢？」

我的標準回答是：「你有什麼計畫嗎？」

幾個月前，我在舊金山一家電台做節目。該節目是有關投資的，由一位頗受大眾喜愛的當地證券經紀人主持。一位想得到投資建議的聽眾打來電話說：「我四十二歲，有一份好工作，但是沒有什麼錢。我母親有一棟房子的部分產權，那房子約值八十萬美金，現在，她只欠十萬美元就付清了。她說願意借給我部分產權，這樣我就能夠開始投資了。你認為我應該投資哪些專案，是證券，還是不動產？」

我的回答依然是，「你有一個計畫嗎？」

「我不需要計畫呀！」他回答，「我只希望你告訴我應該投資什麼東西，我想知道你是不是認為不動產市場比證券市場好。」

「我知道那是你想知道的事情，但是你有一個計畫嗎？」我再次盡可能客氣地問道。

「我告訴你，我不需要計畫。」對方說道，「我告訴你，我母親給我一筆錢，我現在有錢，所以，我不需要計畫。我打算開始投資，我只想知道你認為證券市場、不動產市場中，哪一個更好。我也想知道我應該花我母親多少錢，用來買我自己的房子。海灣地區不動產的價格上升得很快，我不想再等了。」

我決定採取下一步，我問他：「既然你已經四十二歲了，又有一份好的工作，那麼你為什麼會沒有錢呢？如果你損失你母親提供給你的錢，那麼她還有能力付清債務嗎？她還能買得起房子嗎？如果你失業了或市場暴跌，而你又不能以買價出售房子，那麼你還有能力擁有這棟房子嗎？」

他當著大約四十萬聽眾的面，回答說：「這些都不關你的事，我認為你是個投資家，你不必透過打聽我的私生活為我提供有關投資的建議吧。別老提我母親，我想得到的是投資建議，不是有關個人生活的建議。」

投資建議是有關個人的建議

我從富爸爸那裡學到的最重要的一課是，「投資是一種計畫，而不是某種產品或某種程式。」他接著說，「投資是非常個人化的計畫。」

有一次，富爸爸為我上投資課時，他問：「你知道為什麼社會上有那麼多不同類型的小轎車和卡車嗎？」

我思考了一會兒，然後回答：「我想是因為世上有形形色色的人，他們的需要也各不相同吧。單身漢可能不需要九人座休旅車，但是，有五個小孩的家庭可能會很需要。而農夫寧願要一輛運貨汽車，也不要兩個座位的賽車。」

「完全正確。」富爸爸說，「那就是投資專案常被稱為『投資載具』的原因。」

「投資專案被稱為是『投資載具』嗎？」我問，「為什麼是『投資載具』呢？」

「因為投資就是這樣的。」富爸爸說，「世上有不同的投資產品，或者說是投資工具，因為社會上存在著需求不同的人，就像一個有五個孩子的家庭，與一個單身漢或一個農夫的需求大不相同。」

「但是為什麼用『載具』這個詞呢？」我再次問道。

「因為載具能運載你從一個地方到達另一個地方。」富爸爸說，「投資專案或投資工具能夠讓你在財務上，從現在的狀況在未來某一時間，到達你期望達到的任何狀況。」

「這就是投資是計畫的原因。」我點頭應和道。此時，我已漸漸開始領悟這句話的深刻含義了。

「投資就像計畫一次旅行，比方說從夏威夷到紐約旅行。很顯然地，你知道這次的旅行，不論是自行車或汽車都無能為力，也就是說，你得乘船或搭飛機橫渡海洋。」富爸爸說。

「一旦到達陸地，你就能步行、騎車、乘小轎車、火車、公共汽車，或者坐飛機到達紐約了。」我補充道，「所有這些都是不同的載具。」

富爸爸點點頭後說：「不能說哪一種載具比其它的更好，如果你有充裕的時間，又想飽覽鄉村風光，那麼步行或騎自行車是最好的選擇。除此之外，你還會在這次旅行後變得更健康。但是，如果你需要明天按時趕到紐約，顯然搭飛機就是最好的選擇了。」

「因此，許多人關注投資專案，例如股票，接著會涉及程式，即交易過程，但是他們根本沒有計畫啊。這就是你想指出的要點吧？」我問富爸爸。

富爸爸點點頭。「許多人竭力透過他們認為是投資的東西賺錢，但是交易並不等於投資。」

「如果不是投資，那麼是什麼呢？」我問。

「是貿易。」富爸爸說，「交易是一種程式或技術。做股票交易的人與先買房子後裝修、再以更高價格出售出去的人沒有什麼大不同。一種是股票交易，一種是房地產交易，但仍是一種交易。在現實生活中，貿易存在已經有幾百年的歷史了。從前人們用駱駝馱著外國貨物，穿越沙漠運送給歐洲的消費者。因此，從某種意義而言，零售商也是貿易者，貿易是一種職業，但並不是我所說的投資。」

「對你來說，投資是一種計畫，一種使你從現在的所在地，到達你想到達之目的地的計畫。」我盡量去理解富爸爸的話。

富爸爸點點頭，答道：「我知道這有些挑剔且看起來是次要的細節。但是，我想盡力去減少人們有關投資的困惑。每天，我都會遇到那些自認為在進行投資活動、而財務上又毫無成果的人，他們就像是在推著獨輪小車原地繞圈。」

你需要的不只是一種載具

在前面的章節中，我列舉一些不同類型的投資專案和適用的投資程式。每天都會因不同需求的人而產生更多的投資專案。但由於人們不明確他們自己的財務計畫，所有投資專案和投資程式就變得令人感到異常困惑、難以捉摸。

在描述眾多投資者時，富爸爸選擇獨輪手推車來描述他們選擇的工具。有太多的所謂投資者依附於一種投資專案和投資程式。比如，有人可能只投資於股票，而有的人可能只投資於不動產，他變得完全依附於這種工具，因而會無視其它投資工具及可以運用的其它投資程式。久而久之，這個人變成推獨輪小車的專家，永遠在一個圈子裡推車。

一天，當富爸爸笑談投資者和他們的手推車時，我請他在這一問題上做更深層次的闡釋。他的回答是：「有些人在一個專案或程式上成了專家，這就是我所說的『他們變得依賴於手推車』的意思。他們用手推車工作，拖運大量的現金，繞來繞去，然而它依舊是手推車，真正的投資者不會依附於這種工具或程式。真正的投資者預先有計畫，並且了解有關於投資工具和程式的多種選擇。真正投資者想做的事情，就是在預定時間內安全地從A點到B點。他不會想占有或親自去推手推車。」

我仍然有些疑惑，我要求富爸爸做更多的闡釋。「你看，」他變得有點不耐煩了，「如果我從夏威夷到紐約，有許多種載具可供我選擇，我並不想占有它們，只是想使用它們。當我登上波音７４７飛機時，我並不想駕駛它，我不會對它一見鍾情，我僅僅想從出發地到目的地而已。當我在甘迺迪機場降落時，我想叫一輛計程車，它把我從機場載到飯店。一旦我到達飯店，門房就會用手推車把我的行李從門口送到我住的房間。我不會想擁有手推車，也不想親自去推它。」

「那麼區別為何呢？」我問。

「許多自認為是投資者的人完全依賴於投資工具。他們以為自己必須依附於證券或不動產，並用這兩者做投資工具，因此，他們苦苦尋找自己喜歡的投資，而忽略擬定的投資計畫。這些人都是繞著圈子旅行的投資者，他們從來不會透過使用投資工具以達到自己的目的地。」

「因而你不必對運載你的波音７４７飛機一見鍾情，就像你不必對股票、債券、共同基金或辦公大樓一見鍾情一樣，它們僅僅是工具，運送你到達你想到達的地方的工具而已。」我說道。

富爸爸點點頭，「我很感謝那些工具，我也相信人們會善待那些工具。但是，我並不依附於這些工具，我也沒必要擁有它們，或者去花時間駕駛它們。」

「如果人們依賴於工具又會怎樣？」我問。

「他們會認為自己使用的投資工具是僅有的工具，或者說是最好的工具。我認識只投資於證券市場的人，也認識僅投資於共同基金或不動產的人，那就是我所說的依附於手推車的意思。他們的這種思維方式沒有什麼錯誤，只是他們常常關注於工具而非計畫。因此，即使他們可以賺到很多錢，去買下、持有、出售投資專案，但是這些錢仍不能帶領他們到達他們想去的地方。」

「因此我需要一個計畫。」我說，「這個計畫會決定我所需要的不同類型投資工具。」

富爸爸點頭說道：「實際上，你應該先計畫、再投資。千萬記住，投資是一項計畫，不僅僅是某個產品專案或者是投資操作過程，這是非常重要的一課。」

意向測試

人們修建房屋之前，通常會請建築師設計一張圖紙。你能想像有人沒有房屋設計圖，就直接叫人開始為他建房嗎？唉，那就是許多人的財務大廈出現問題的原因。

在富爸爸的指導下，我擬定一個財務計畫。這個過程開始時可能不是很簡單，也可能不太容易理解它的意義，但是，過了一段時間，我對自己目前的財務狀況做到瞭如指掌的程度。一旦懂得這一點，這個擬定計畫的過程就會變得輕鬆。換句話說，在我看來，最困難的部分是要弄明白我所需要的東西究竟是什麼。

意向測試問題如下：

1、你願意花時間發現你目前所處的財務階段，和你想達到的財務目標嗎？你想仔細考慮你怎樣計畫才能達到目的地嗎？除此之外，一定要牢記，只有當你有書面計畫，並且能將它出示給其他人看時，才算是真正有意義的計畫。

是□　否□

2、你是否願意與至少一個以上的專業財務顧問會面，以確定他是否能在你的長期投資計畫制定中，助你一臂之力？

是□　否□

你可以與兩、三位財務顧問會面，找出他們在財務計畫制定方面的不同之處。

第七章　投資第七課：富人與窮人的不同思維

「許多人都在計畫變窮。」富爸爸說。

「什麼？」我感到難以置信。「為什麼這樣說？你怎麼能這樣說呢？」

「我是從他們的話語裡聽出來的。」富爸爸回答，「如果你想看清一個人的過去、現在和將來，就仔細聽聽他所使用的語言吧！」

語言的力量

富爸爸關於「語言的力量」這一課非常有說服力。他問我：「你曾聽人說過『要用錢去賺錢』嗎？」

我起身從冰箱裡取出兩罐飲料回答：「是啊，我經常聽別人這樣說，怎麼啦？」

「因為『只有花錢才能賺錢』這個觀點，是現在流行的最糟糕觀點之一，特別是對那些想得到更多錢的人來說。」富爸爸回答。

我遞給富爸爸一瓶汽水說：「我不太明白，你的意思是不用花錢就能賺到錢嗎？」

「不用。」富爸爸搖搖頭，「不需要錢就能賺錢，只需要一些我們都具備的東西，而且可以比錢的成本小。實際上，在許多時候，甚至是免費就可以獲得的。」

這番話使我十分好奇，但是，他並沒有直接告訴我這番話的含義。上完那一次投資課以後，他交代我一項作業，「在我們下次碰面前，我希望你邀請你爸爸出去吃一頓飯，時間要長一點。在進餐過程中，我希望你特別留意他所使用的習慣語言。聽他講的話，注意他話語裡所傳遞的資訊。」

此時，我已習慣富爸爸交代給我的這些稀奇古怪的作業，這種看起來與我們討論和研究的主題，完全風馬牛不相及的作業。

但富爸爸堅信實踐經驗在先、理論課程在後的教育模式。我打電話請我爸爸在他喜歡的一家餐廳吃飯。

一週後，富爸爸與我又碰面了。「晚餐怎麼樣？」他問。

「很有趣，」我回答，「我非常仔細地聽我爸爸選擇使用的詞語，也揣測他話語中的含義和言語後面隱藏的思維方式。」

「你聽到了什麼？」

「我聽到了『我永遠也不會變富的』。」我說，「事實上，我經常聽到爸爸對家人說：『從我決定當中學教師的那一刻起，我就知道自己不會變得富有了。』」

「你以前總是聽到這些相同的話嗎？」富爸爸詢問。

我點頭說：「許多次。」

「你還經常聽到他說哪些話？」富爸爸問。

「『你以為錢是長在樹上的嗎？』、『你以為我是用錢做的嗎？』、『富人可不會像我這樣關心別人。』、『錢可不容易賺到。』、『我寧願快樂而不願富有。』」我一一列舉。

「現在你懂我的意思了嗎？我說過你能透過傾聽別人的談話，看清他們的過去、現在和未來。」富爸爸問。

我點頭說：「我還觀察到其它一些細節。」

「是什麼？」富爸爸問。

「你有商人和投資者的辭彙，我爸爸有中學教師的辭彙。你經常使用諸如『資本運作率』、『財務槓桿』、『息稅前利潤』、『生產商價格指數』、『利潤』和『現金流』等辭彙，而他掛在嘴邊的詞語是『考試分數』、『補助金』、『語法』、『文學』、『政府撥款』、『長期聘用』等等。」

富爸爸笑著說：「不需要花錢就能賺錢，但要花費語言。富人和窮人的不同之處，就在於他們經常使用的辭彙不同。所有想變得富有的人需要做的，就是增加財務辭彙，而對他們來說最好的消息是，語言是免費的。」

二十世紀八〇年代，我有相當多的時間在教企業管理和投資。在那段時間裡，我敏銳地洞察人們所使用的辭彙，研究他們的辭彙和他們的財務能力的關係。經過深入研究，我發現在英語中大約有兩百萬個辭彙，普通人掌握的辭彙約五千個。如果人們想增加他們財務的成功機會，他們就應該從增加使用這一領域的辭彙入手。

例如，當我投資供出租的單身公寓小型不動產時，首先，我會增加在該領域的辭彙量。當我轉向投資私人公司時，我的辭彙又不得不增加這方面的內容。因為只有這樣，我在投資這樣的公司時，才會感到適應。

在學校，未來的律師們學習法律辭彙、醫生學習醫學辭彙、教師學習教師使用的辭彙。如果一個人沒有學過投資、金融、會計、公司法、稅務等方面的辭彙，那麼，在他投資運作時就會感到很難適應。

我設計「現金流」教育遊戲的一個目的，就是想讓門外漢熟悉投資辭彙。在我們設計的遊戲中，玩家很快地熟悉有關會計、商業、投資方面的辭彙，以及其後隱藏的各種關係。透過反覆玩這個遊戲，玩家們會懂得常被錯誤使用的詞語，例如「資產」和「負債」這些字背後的真正定義。

富爸爸經常說：「不懂得專業詞語的定義，使用錯誤定義的單字，是引起長期財務困境的真正原因。對一個人的財務穩定狀況而言，再也沒有把『負債』稱作『資產』更具破壞性的了。」

富爸爸一直強調財務辭彙定義的重要性，並竭力讓別人學好這些定義。他會說：

「mortgage（抵押貸款）這個詞源於法語的一個單詞mourir，法語裡的意思是死亡，因此『抵押貸款』就是『直到死的一種契約』。」

難怪富爸爸常說：「不需要花錢就能賺錢。使用富人的辭彙不僅能賺到錢，更重要的是，還能留住錢。」

因此，當你讀這本書時，請留意它使用過的不同詞語，千萬記住富人和窮人的根本不同，就是他們日常使用的語言不同，而語言恰恰又是免費的。

你計畫變富，還是變窮？

在與富爸爸談過話後，我開始留意別人的談話，我開始察覺到許多人都無意識地「計畫變成窮人」。

如今我常聽到，「退休時，我的收入就會下降。」而事實果真如此。

他們也經常說：「退休後，需求會降低，所以，我只需要較少的收入。」但是，他們通常沒有認識到有些支出的確下降了，可是另外的支出也上升了。

這些支出中，例如有家庭看護人員費，人們年邁時，如果還能幸運地長命百歲，這筆款項的數額會很大。一般老年人的家庭看護費用是每月五千美元，它比如今許多人的月收入還要高。

也有人說：「我不需要計畫。我從工作中已經得到了養老金和醫療保險。」這種思維方式的問題，就在於投資計畫比單純的投資和錢財複雜得多，所以，人們不願為此付出。

但一個人開始投資之前的財務計畫是相當重要的，因為投資時，許多不同的財務需要都得加以考慮。這些需求包括大學教育、退休、醫療費和長期健康保養。除了股票、債券、不動產等投資外，在某些專案上的投資，如保險和其他投資載具，也是長期或現實中的迫切需要。

對未來財務做好準備

我寫作有關錢的話題，目的是想幫助人們培養長期的財務能力。自從資訊時代的退休計畫問市以來，如美國的四〇一K計畫、澳洲的退休金計畫、加拿大的記名退休金儲蓄計畫，我愈來愈擔心那些還沒為資訊時代做好準備的人們。

在工業時代，人們退休後，公司和政府還能為他們提供一些財務上的幫助。但如今，當四〇一K計畫或「現金餘額退休金計畫」（不是傳統的養老金）耗盡時，這都將成為個人的問題，而不再是公司的問題。

我們的學校對年輕人的長期健康教育和財務能力的教育已勢在必行。如果我們不這樣做，我們手上將會握著社會經濟的大量定時炸彈。

我常對我的學生說：「要確信你有一個計畫，首先要問你自己是計畫變得富有還是想變得貧窮。如果計畫變窮，那麼你年紀愈大，你的財務狀況就會愈困難。」富爸爸多年前就對我說過：「年輕時出現的問題就是你不知道年老的感覺。如果你知道年老是什麼感覺，你就會完全不同地計畫你的財務生活。」

老年計畫

在我們的一生中，盡早地擬定晚年生活計畫是非常重要的。當我告訴我的學生這一點時，許多人都表示同意。沒有一個人不同意這個計畫的重要性，問題是只有少數人這樣去做。

我意識到大多數人同意為自己寫一份財務計畫，但只有少數的幾個人願意花時間去實施，我決定想辦法讓他們立刻寫出書面的財務計畫。在一個學習班開飯前一小時，我找到一些棉質晾衣繩，把它分成幾段不同的長度。我要每一位學生各拿幾段，然後一圈圈纏住他們的腳踝，很像拴馬腳的樣子。當腳踝被纏一英尺長時，我給他們一些更長的線，讓他們套住脖子，然後又繞回去纏在他們的腳踝上。結果是：他們腳踝被拴住了，不能直立，只能以四十五度角並彎著腰站著。

我的一個學生問：「這是不是監獄中對待死刑犯的新形式？」

「不是。」我答道，「我只是把你們每個人帶到未來，如果你們足夠幸運能夠長壽的話，那麼，這條繩子就代表你們年老時的感覺。」

一陣陣緩慢的呻吟聲從課堂中傳出來，一些人開始進入角色的精神。飯店職員接著把午餐放在長桌上。午餐有三明治、沙拉、飲料，問題是這些肉品只是堆積在一起，麵包沒切開，沙拉也沒做好，飲料是乾粉混合物，需要與水混合。這些學生，現在俯著身，像年邁的老人，不得不準備他們自己的午餐。在後面的兩個小時裡，他們掙扎著切麵包，製作三明治、沙拉，混合飲料，然後，坐下來吃飯，飯後還要吃力地清洗餐具。當然，許多人也需要在這兩個小時期間去洗手間。

兩小時後，我問他們是否願意花幾分鐘，為他們的一生擬定一個書面財務計畫，他們馬上異口同聲地回答「是」，隨後他們解開了繩子。我興致勃勃地觀察他們帶著濃厚的興趣，並開始為自己擬定財務計畫。一旦他們的人生觀發生變化，他們在擬定計畫上表現出的興趣就會急遽增長。

正如富爸爸所說的：「年輕時的問題，就是你不知道年老的感覺。一旦你知道年老的感覺，你就會完全不同地計畫你的財務生活。」他又說，「許多人身上出現的問題，是他們僅僅計畫到退休。計畫到退休還不夠，你需要計畫到退休以後。實際上，如果你富有，就至少應該計畫到你的後三代。如果你不這樣做，錢就會隨你的去世而消失。事實上，如果你在離開這個世界之前，還沒有安排好你的錢，那麼政府將替你安排。」

意向測試

很多次，我們並沒有注意自己內在的、看起來不太重要的思想。富爸爸說：「不是要我們大聲說出怎樣決定我們的生活，事實上，我們對自己的輕聲低語更有影響力。」

意向測試如下：

1、你計畫變富，還是變窮？

富□　窮□

2、你願意了解你的深層、內在的思想嗎？

想□　不想□

3、你想花一些時間去增加你的財務辭彙嗎？

想□　不想□

你的第一個目標可能是每週學習一個新的財務辭彙。你只需要去找出一個財務辭彙，查字典，多認識這個辭彙的幾個定義，然後，提醒自己當週要把這個辭彙實際應用出來。

富爸爸認為辭彙是很重要的。他常說：「辭彙形成思維，思維形成現實，現實成為生活。富人和窮人之間的最主要差別，就是他們日常使用的辭彙不同。如果你想去改變一個人的外在現實，就需要首先改變他的內在思維方式，這又需要首先改變、提高、更新他或她使用的辭彙。如果你想改變人們的生活，那麼首先改變他們的日常辭彙。再次提醒你這個好消息，語言是免費的。」

第八章 投資第八課：周密計畫加上毅力，等於財源滾滾

我的好友湯姆是一名優秀的證券經紀人，他常說：「令人遺憾的是，十分之九的客戶都賺不到錢。」湯姆接著解釋說，「雖然這十分之九的投資者沒有賠錢，但他們卻也沒能賺到錢。」

富爸爸向我講述一件類似的事情，「大多數自認為是投資者的人，會在一天之內賺到錢，並且在一週之後又賠了進去。因此，他們沒有金錢上的損失，但也沒有賺到錢。但是，他們仍然認為自己是投資者。」

多年前，富爸爸就告訴我，人們想得較多的投資，實際上是好萊塢影片中的投資方式。普通人常常看到：場內經紀人在交易日的開盤時大喊買訂單或賣訂單，或看到某位大亨在一場交易中賺到數百萬美元，或看到股票價格暴跌後，投資者跳樓自殺。對富爸爸而言，這些都不是投資。

記得我曾看過一個採訪華倫·巴菲特的專題節目。採訪中，華倫·巴菲特這樣說：「我

去市場的唯一目的，是看看有沒有人做蠢事。」巴菲特解釋說，他從不關注電視上股市專家的評析，也不透過了解股價的上漲下跌來指導他的投資。實際上，他的投資與股市的喧囂聲及所謂的投資參考消息毫無關係。

投資與大多數人所想像的不一樣

幾年前，富爸爸解釋說，投資並不是多數人想像的那個樣子。他說：「許多人以為，投資是一個充滿戲劇性的過程。還有人認為，投資包含風險、運氣、時機和熱門投資消息等諸多因素。有些人自知對投資這個神祕課題知之甚少，因此，他們找到較為內行的投資者，把資金連同信賴一併交給他們。另外，一些所謂的投資者要顯示他們比其他人懂得多……因此，他們進行投資，以此證明他們智勝一籌。這就是許多人眼中的投資，但我的投資卻不是這樣的。我認為，投資是一個枯燥無味的計畫，是一個透過機械操作而達到富裕的過程。」

當我聽富爸爸的這一席話時，我在一旁低聲地重複說著：「投資是一個枯燥無味的計畫，是一個透過機械操作而達到富裕的過程。」接著我又問，「為什麼你會這樣認為呢？」

「這正是我想說的問題。」富爸爸說，「投資僅僅是一個由固定程式、策略和一系列能使人變富的措施組合而成的計畫……這一切幾乎能保證你成為富翁。」

「一個能保證你成為富翁的計畫？」我問。

「是幾乎能保證。」富爸爸重複道，「這其間仍有一些風險。」

「你是說投資不是一個冒險而激動人心的過程？」我遲疑地問。

「對。」富爸爸說：「當然，除非你認定投資就是你想像中的那個樣子。不過，對我而言，投資就像按照食譜烤麵包一樣簡單無味。我個人並不喜歡冒險，我只想成為富翁。因此，我只要照計畫、食譜或公式去做就行了。這就是我對投資的看法。」

「既然投資就像照食譜烤麵包那樣簡單，那為什麼有那麼多人不願意遵循同樣的投資公式就好了呢？」我問他。

「我不知道。」富爸爸說，「我也時常問自己相同的問題。我很好奇，每一百個美國人中只有三個人是富翁，這是什麼原因呢？在這樣一個致富機會人人平等的國度裡，只有少數人成為富翁，這又是怎麼回事呢？我想富，但我沒錢。對我而言，制定一個富有的計畫和找出與之相應的方法，然後照著它們去做，這是很自然的想法。你有沒有想過，當他人為你指引一條光明大道時，你為什麼還要試圖走老路呢？」

「我不知道。」我說，「大概我還沒意識到那是一個成功的公式吧。」

富爸爸接續說：「現在我知道了，為什麼對大多數人而言，遵循一個簡單的計畫卻難如登天。」

「為什麼呢？」我問。

「因為遵循一個簡單的計畫是一件單調而乏味的事情。」富爸爸說，「人性是很容易對老做一件事變得厭倦無聊的，他們總要尋求刺激和有趣的事情來做。就是這個原因，導致一百個人中只有三個人是富翁。他們起先照計畫去做，沒過多久，就感到這種日子索然無味。於是他們拋開計畫，尋找一種能快速致富的魔法。他們的一生都在單調和趣味往返交錯的過程中度過。所以他們沒有成為富翁。他們不能忍受日復一日地遵循一個簡單而枯燥的致富計畫。許多人認為，投資致富的過程很神奇，同時他們還會認為，如果計畫不夠複雜，那就不算是個好方案。相信我，涉及投資時，簡單要比複雜好得多。」

「你是在哪兒找到你的公式的？」我問他。

「在『大富翁』遊戲裡找到的。」富爸爸說，「很多人還是孩子時就玩過『大富翁』遊戲。但不同的是，從小到大，我從沒間斷過玩這種遊戲。還記不記得幾年前，我花了很多時間教你和邁克玩這個遊戲？」

我點了點頭。

「還記不記得，這個簡單遊戲教給我們一種能帶來龐大財富的方法？」

我又點了點頭。

「這個簡單的方法是什麼？」富爸爸問我。

「買四幢綠房子，然後用它們換一家紅色的酒店。」我輕聲說著，童年的記憶湧上心頭，「你告訴過我們很多次，那時你很窮，在現實生活中，你的『大富翁』遊戲才剛剛開始。」

「是的。」富爸爸說，「你還記得我帶你去看現實中的綠房子和紅酒店嗎？」

「記得。」我回答，「我還記得看到你在現實生活中玩這個遊戲，我是那麼地驚奇。那時我才十二歲，但我知道對你而言，『大富翁』不僅僅是一個遊戲，只是我仍沒認識到這是一條通往財富之途的簡易途徑。我沒有看清這一點。」

「我一旦學會了這個公式，用四幢綠房子交換一家紅酒店，就能自如地運用了。甚至在睡夢中，我都會想到這個方法，很多時候，這個方法就像是我天生會做的事情一樣。用不著細加思索，我自然而然地就會用到它了。十年來，我一直遵循這個計畫去做，直到有一天夢醒時，我才意識到自己成了百萬富翁。」

「這個公式就是你計畫的全部嗎？」我問。

「哦，不是的，這只是我所遵循的簡單公式之一。我認為如果公式複雜的話，是不值得採用的。如果學完該公式後仍不能運用自如的話，就放棄它吧。如果你的公式很簡明，就大膽地運用它，投資和致富就是這樣簡單。」

一本給那些認為投資困難的人們的好書

在我的投資課上，很多人對「投資是執行計畫的單調乏味過程」這一觀點心存疑慮。他們總想從投資高手那裡獲取更多的事實、資料和證明。但由於我不是投資技術專家，我無法提供他們學術性的證據，直到有天，我看到一本關於投資的好書。

詹姆斯‧P‧奧肖內西（James P. O'Shaughnessy）所著的一本書，是送給那些認為投資是有風險、很複雜和危險的人。同時，它也是那些自認為智勝一籌的投資者的最佳讀物。這本書有學術性、數位性的證據闡明：在大多數情況下，被動、機械化的投資系統會打敗由人組成的投資系統……即使是基金經理也不例外。這本書還闡釋十分之九的投資者賺不到錢的原因。

奧肖內西在他的這本暢銷書《華爾街股市投資經典》（*What Works On Wall Street: A Guide to the Best Performing Investment Strategies of All Time*）中描述兩種不同類型的決策方法：

1、經驗型的分析方法或稱直覺式分析方法。

該方法以知識、經驗和常識為基礎。

2、定量分析法或稱精確統計法。

這種方法以大量資料為基礎，推論出各種關係。

奧肖內西發現，多數投資者在做出投資決策的過程中，偏愛直覺分析方法。在多數情況下，直覺分析法的投資者常常做出錯誤的決定，或敗給幾乎是純機械的方法。奧肖內西引用《科學推理的局限性》（*The Limits of Scientific Reasoning*）一書的作者大衛‧福斯特的一句話，「人類的判斷力遠遠小於我們所想像的。」

奧肖內西還寫道：「他們（包括基金經理人）之中的所有人認為自己有過人的洞察力、超凡的財商和選擇有利可圖股票的非凡能力，不過其中百分之八十的股票經常都輸給標準普爾五〇〇指數。」換言之，純機械化的股票選擇方式，勝過百分之八十的股票投資行家。這還意謂著，即使你對選股一無所知，但只要你採用純機械化的、非直覺型的投資分析方式，就可以讓那些受過所謂良好訓練和教育的投資行家們敗下陣去。這就是富爸爸所說：「投資是機械化的呆板、簡單過程。」或者這樣說，你想的愈簡單，冒的風險就愈小，愈是高枕無憂，賺的錢卻愈多。

奧肖內西書中提到另一些頗有趣味的觀點是：

1、大部分投資者注重個人經驗，而不太在意基礎事實或基本利率。也就是說，他們重直覺而輕事實。

2、多數投資者偏愛複雜程式，而輕視簡單公式。他們總有這樣一種觀念：不複雜不困難的公式，算不上是好公式。

3、簡單化是投資的最佳原則。談到這方面時，他提及我們中的多數人不是將投資簡單化，反而使投資變得更加複雜，跟著大眾一窩蜂行動，過度執著於某張股票，讓情感主宰我們的決定。我們憑直覺和小道消息，判斷買進或賣出，投資商品猶如一盤散沙，缺乏一致性與策略性。

4、投資高手和一般投資者都會犯相同的錯誤。奧肖內西寫道：「直覺投資者說他們每做一個決定，都要經過客觀冷靜地思考，但實際上，他們並沒有做到。」《財運和愚蠢》（*Fortune and Folly*）一書中有句話是這樣的，「雖然直覺投資者的辦公桌上堆滿了分析透徹的調查報告，但最後能被選為退休基金經理的，還是那些投資高手主觀上認為不錯的人，即使這些人的表現並不出色，但只要他們之間的關係好，那麼找到這樣一個職位是不在話下的。」

5、「投資成功的必經之路是：用心關注和研究投資的長期結果，努力找到一個或一系列有實際意義的投資方法及策略，然後在兩者的指引下進行投資。」他還指出，「我們必須關注策略本身的績效，而非股票的績效。」

6、歷史總是在重演。人們總相信此刻與以往不同。他寫道：「人們相信現在不同於過去。時下，網路進入了市場，第三市場經紀人占據著市場，個體投資者被他們的基金經理取而代之，這些基金經理控制了大量的共同基金。有人認為，這些基金經理對投資有著不同的獨到見解，同時人們相信，過去的投資策略用於未來的投資中，已無多少新意和價值了。」

然而，自從牛頓這位偉大人物的「南洋貿易公司發財之夢」在一七二〇年底化為泡影後，投資策略就沒有太多的改變了。牛頓面對失敗，只能仰天長歎，「我能計算出天體的運動速度，卻無法測量人們的瘋狂程度。」

7、你擁有的資料的年代愈久遠，你對投資的判斷就愈精確。奧肖內西尋找的是最長期下來擁有最佳表現的公式。

奧肖內西並不是說投資一定要以標準普爾五〇〇指數做為參考標準。他只是以此來說明直覺思維投資法和機械投資程式之間的相同之處。他接下去說，以標準普爾五〇〇指數做為參考來投資，並不是最好的公式，但不否認它的確對投資者有所幫助。他解釋說，過去五年中，大型股績效最佳，但是如果看過去五十年的資料，可能會發現小型股才是為投資人帶來最多利益的選項。

富爸爸的看法與此相似，基於這個原因，富爸爸找到他自己的公式：他創建自己的公司，並透過自己的公司購買不動產和股票。這個公式至少在兩百年內都是賺錢的好方法。富爸爸說：「我教你的和我所用的這個公式，在過去相當長的時間裡，已造就出了不少的超級富翁。」

許多人認為，印第安人做過一次虧本買賣，僅僅得到價值二十四美元的珠子和飾物，就把曼哈頓島和紐約賣給了荷蘭西印度公司的彼得．米紐伊特（Peter Minuit）。但如果印第安人按百分之八的年利率把錢投資出去，那麼今天，二十四美元就值二十七兆美元了。這筆錢用來買回曼哈頓島都綽綽有餘。這筆交易不是虧在錢上，而是敗在沒有投資計畫上。

找一個可行的公式並照著去做

富爸爸幾年前對我說：「找一個可以讓你致富的方法，然後照著去做。」每次人們告訴我，他們用五美元買進的股票，現在是三十美元時，我常常疑慮不解，因為這種作法脫離了他們的計畫，害他們離成功更遙遠。

這些追求小道消息和迅速致富的故事，常常讓我想起富爸爸的話。富爸爸說：「許多投資者，就像是在野外開車兜風的一家人。忽然，幾頭長著巨大鹿角的野鹿出現在前方。司機，通常是這家的男主人就會叫道『好大的雄鹿呀』。由於受到驚嚇，鹿群本能地朝路旁的農田逃竄。司機扭轉方向盤，離開原先的路去追鹿群。小車駛過農田、進入叢林。路面高低起伏、崎嶇不平。家人們恐慌地叫司機停下來。可是太遲了，小車衝到河邊，煞車不及，墜入水中。這個寓言告訴我，當你背離了你的簡單計畫，改變方向去追尋眼前的誘惑時，災難就要發生了。」

意向測試

無論何時，當有人說「賺錢要先投錢」時，我不敢苟同。因為富爸爸說過：「你不必靠造火箭致富。賺錢不是一定需要高等教育、好工作或本錢。你只要知道你的目標是什麼，然後制定一個計畫，並堅持到底就足夠了。」換言之，賺錢只需要一點點的自律能力，但是在錢的方面，能展現一絲自律能力的人，卻是少之又少。

奧肖內西引用一句我最喜歡的話，這句話出自華特．凱力（Walt Kelly）筆下的著名卡通人物波戈（Pogo）之口。「我們的敵人就是我們自己。」這是我的至理名言。如果當初我聽富爸爸的話，一直遵循我的投資公式，那麼我現在會更加富有。

意向測試問題：

你願意把一個簡單公式納入你的計畫，並且不懈地堅持直到你獲得成功嗎？

是□　否□

第九章　投資第九課：設計適合你的方案

「怎樣設計適合我的方案？」我經常這樣問。

我的標準答案是「分步進行」：

1、慢慢來。花時間省思你截至目前的人生，默默地思考一段日子。如果有必要思考幾個星期也沒關係。

2、在省思的過程中問自己：「生命是上天給我們最好的餽贈，我該如何善用這個大禮？」

3、在確定自己想要得到什麼之前，暫時保持沉默。很多時候，出於無心或專橫，人們總是把他們的意志強加在你的頭上。你深藏於心的夢想，總是在親戚朋友的好言相勸中毀於一旦，「噢，別傻了！」或「你沒這個本事」。

4、比爾．蓋茲靠著最初的五萬美元起家，終以九十億美元的龐大資產躋身世界首富行列，當時他才二十多歲，他並沒有向太多的人詢問自己該幹什麼。

5、徵求財務顧問的意見。所有的投資方案都是從財務計畫開始的。如果一個財務顧問的建議不合你的口味，那就另換一個。為解決醫學問題，你會請教一個又一個專家，那麼為什麼不多尋求幾個意見，來解決財務難題呢？財務顧問有很多種形式，他們可能是你的財務教練或導師，對於你想做的事情已深具經驗。選擇一個有能力幫你把財務計畫寫成白紙黑字的顧問。

不同的財務顧問提供不同的投資產品，其中的一種就是保險。保險非常重要，它應該包括在你的財務方案中，成為不可或缺的一個部分，尤其是你剛剛起步時。比方說，如果你很窮，而且有三個孩子要養。一旦你死了、受傷了或因為其他原因，無法實現你的投資方案時，保險就變得非常重要。保險是一張安全網，亦可說是針對財務負債和財務弱點的避險手段。當然，當你變富有時，保險在你財務方案中的角色和類型，會隨著你經濟狀況及需求的改變而改變。因此，要根據當前的經濟情況，調整保險在你計畫中的地位。

兩年前，我住的公寓的一名房客在出門前，忘了吹滅耶誕樹上的蠟燭，結果釀成一場大火。一接到報警，消防隊就趕來救火了，我感激萬分。隨後，我的保險代理人和他的助手趕到現場。那天，他們是除了消防隊員外，最讓我感激不已的人。

富爸爸常說：「在任何人的人生計畫中，保險都占有舉足輕重的地位。保險最大的麻煩是，當你需要它時，已永遠都買不到它了。因此，你要事先想好需要什麼，然後買一份相應的保險，當然，你希望這份保險永遠都別生效。有了保險，你就不會每天都擔驚受怕了。」

重要提示：有的財務顧問能針對不同經濟能力的人，提出不同的專業性意見。換言之，另一些顧問只擅長為富翁提供意見和建議。不管你是窮或富，找一個你喜歡的、願意幫助你的財務顧問。如果你的顧問不能解決你的問題，你可以考慮另換一個。我和妻子經常更換專業顧問，他們之中有醫生、律師和會計師等。如果專家對這個問題很在行的話，他就很快會明白你為什麼要這麼做。但即使你更換了顧問，也要堅持原先的計畫。

設計方案的步驟

我的目標是：三十歲之前成為百萬富翁，那是這個計畫所要達到的終極目的，最後我實現了夢想。然而，問題在於，不久後我就損失所有的錢。當我找到計畫中導致失敗的原因時，我並沒有改變整個方案。在目標實現但又隨之失敗後，我只需要在總結經驗教訓的基礎上，對計畫稍加修改就行了。我重新制定目標：實現財務自由，四十五歲時成為百萬富翁。四十七歲時，我實現這一個夢想。

這裡的關鍵在於，我的方案並沒有改變，它只是隨著我經驗的增多而日趨完善。

那麼，你怎樣設計自己的方案呢？答案就是：找一個財務顧問。驗證一下顧問的資格證書，並多找幾個財務顧問比較，這個經驗很可能讓你大開眼界。

制定符合實際的目標。我計畫五年後成為百萬富翁，因為對我來說，那樣很實際。

富爸爸一直在教導我，因此這個目標的實現是切合實際的。不過，即使他引導我，我還是免不了犯錯誤，這些錯誤導致了我頃刻間一無所有。我想如果當初我遵循富爸爸的計畫，也許生活就不會如此艱辛了。但是，由於年少無知，我還是堅持按自己的方式去走自己的路。

首先制定切合實際的目標，隨著知識的不斷積累和經驗日益豐富，不斷改進和完善你的計畫。要記住，要先學會走，才能學會跑。

透過實際行動，才能設計出自己的方案。先徵求顧問的意見，再制定實際的目標，要知道目標會隨著你實際經濟情況的變化而變化，但要始終想辦法遵循你的計畫。對大多數人而言，最後的目標是要實現財務自由、要從日復一日的繁重工作中解脫出來，不再為錢而工作。

第二步，要明白投資是一種團隊活動。我將在本書中詳盡闡述財務協作的重要性。我注意到很多人認為：做事要全靠自己。對，有些事情確實要靠自己獨立完成，但有時你需要協助者。財商會告訴你什麼時候該獨自做事、什麼時候該向別人尋求幫助。

論及金錢，許多人總是默默承受資金短缺的痛苦和無奈。他們的父母也做著同樣的事。正如你計畫中所寫的，你要結識新的協助者，他們會助你一臂之力，使你的財務夢想早日成為現實。你的財務協助人員應該包括：

1、銀行家

2、會計師
3、律師
4、經紀人
5、簿記員
6、保險經紀人
7、成功的顧問

按照常規，在與以上這些人共進午餐時，你就可以進行會談了。富爸爸就是這麼做的，正是這樣的會談啟迪了我，讓我學到許多關於商業、投資和如何成為富翁的知識。

記住，找協助者就如同尋求一個商業夥伴，因為協助者是形形色色、各種不同類型的人。他們和你一起，共同關注人生中最重要的事情。要牢記富爸爸的話，「不管你為自己工作，還是為其他人工作，如果你想富有的話，就好好關注你自己的事業。」在關注個人事業期間，有利於你的計畫方案就會逐漸顯現。因此，不要吝惜時間，千里之行，始於足下，只要你每天走一小步，日積月累，你就會得到一生中夢想的所有的東西。

意向測試

我的計畫並未真正改動，但又變化巨大。從未變動的就是計畫實現的目標，從犯錯誤到從中取得經驗，從成功到失敗，從峰巔跌落到峽谷，在悲喜交錯、波濤起伏的過程中，我日漸成熟，並且獲得了更多的知識和智慧。因此，我不斷修正自己的計畫，因為我本身也處於不斷修正的過程中。

有人說過：「生活是一個殘酷無情的教師。它透過懲罰的方式給你上課。」不管你喜歡與否，但它的確是一個學習過程。許多人曾經說過：「早知今日，何必當初？如果當初不那麼做，今天就不會是這個結局了。」對於我來說，這句話算得上至理名言。我的計畫從實質上講是相同的，它的變化是由我的變化引起的。現在，我再也不會做二十年前的傻事了。不過，如果二十年前我沒做過那些蠢事，也不會有今天的一切。

比如，我不會再用二十年前那種幼稚的方式管理公司。雖然，當年我的第一個公司以破產告終，但我掙扎著從失敗的瓦礫中站起，成為一個更加出色的企業家。雖然，三十歲時，我確實實現百萬富翁的夢想，但頃刻間失去所有資產的經歷，又使我長成為今天的百萬富翁……一切都如計畫所安排的，只是這個過程比我預料的要漫長一些。

論及投資時，我從失敗的投資中學到的東西，大大多於盈利投資所教給我的東西。富爸爸說，如果我有十項投資的話，只要三項運作良好，這三項就能成為財富的主要來源。五項可能是形同虛設，另外兩項就成為災難。然而，我從這兩項失敗的投資中學到的東西，遠遠多於另外三項成功的投資……實際上，這兩項失敗投資帶給你的經驗教訓，足以使你在下一次的投資中穩操勝券。這就是計畫的全部。

意向測試

1、你願意首先制定一個簡單的計畫，並且不讓它變得複雜，而且當發現計畫中有許多地方要更動時，你願意為此不斷學習並不斷改進你的計畫嗎？換言之，計畫並沒有真的改變，但你願意為計畫改變自己嗎？

願意□　不願意□

第十章 投資第十課：現在就決定長大後你要做什麼

在投資第一課裡，提到三個財務核心價值選擇，它們是：

1、安全

2、舒適

3、富有

這些都是非常重要的個人選擇，不能輕視。

一九七三年，我從越南戰場回來時，就面臨著這些選擇。當富爸爸與我談及是否選擇到航空公司當飛行員時，他說：「在航空公司的工作可能也不是完全有保障，據我觀察，在以後幾年裡，公司會不大景氣。當然，如果你真的很喜歡這份工作，而且能堅持良好的飛行紀錄，從事這個職業你也能獲得工作的保障。」

然後，他問我想不想回到加利福尼亞標準石油公司繼續工作，這份工作我只做了五個月，就去了海軍陸戰隊飛行學院。「你沒收到信嗎？信上說你服役完後，標準石油公司就會重新聘用你。」

「他們說了非常歡迎我回去。」我說，「但他們沒有提供任何保證。」

「在這樣的公司工作不好嗎？報酬不豐厚嗎？」富爸爸問我。

「非常好。」我回答他，「這是一個很好的公司，但我不想回去，我想繼續朝前走。」

「你傾向於哪種選擇？」富爸爸指著這三個選擇問我，「是安全、舒適還是變得富有？」

其實，打心眼裡說，我想變得富有。雖然在我的家庭裡從不提倡這種欲望和基本的價值觀，但在我心中，做富人的想法一直沒有改變。

我生長在這樣的家庭，它總是把工作和財務的穩定放在第一位，而且他們有一種認識：富人是邪惡的、沒教養且貪婪。我們在飯桌上從不談論金錢，因為我們視金錢如糞土，認為它完全不值得動腦筋去討論。我就生活在這樣的環境裡。但現在我二十五歲，應該有我自己的主見了。我知道我的奮鬥目標是「變得富有」，而不僅僅是為了求得暫時的「安全」或「舒適」。

富爸爸讓我按自己心目中的順序，重新排列我的財務目標選擇。以下是我排出的順序：

1、富有

2、舒適

3、安全

富爸爸看了看我的列表說：「好，我們第一步要做的是，擬定一份獲得財務安全的財務計畫。」

「什麼？」我說，「我才剛跟你說我想要『富有』，怎麼現在你卻要我制定追求『安全』的計畫？」

富爸爸笑了，他說：「我是這樣看的，世界上像你這樣一心想變成富人的年輕人到處都是。問題是很多類似於你這樣的人最後都沒能成功，因為他們不懂到底什麼是保障、什麼是真正的財務上的寬裕。一部分像你這樣的人勇往直前地去做了，但結果卻是在根本無法通往財富的歧途上，他們不知摔了多少次跤、不知有過多少次的失敗，就是因為他們像你一樣太衝動、太魯莽。」

我坐在那兒真想大叫。在我的生活中，一直和窮爸爸生活在一起，他總是把「安全」放在第一位。而現在，我終於長大了，原以為可以放棄窮爸爸的價值觀，但沒想到富爸爸不僅不鼓勵我、支援我，卻也提出了同樣的觀點。我真想叫出聲，我要獲得財富，而不僅僅是為了尋求穩定的生活。

三個星期後，我又和富爸爸談了一次話。這期間，我很難受。富爸爸把我想努力擺脫「窮爸爸」觀念的努力全部否定了，我就好像一條忽然間失去了舵手的船，不知道該往何方去，這令我苦惱極了。最後，當我強迫自己平靜下來後，我又一次打電話請求他，告訴我這一切究竟是為了什麼？

「你想聽嗎？」我們再次碰面時，富爸爸問我。

我點點頭說：「我準備好了，但的確有點不情願。」

「第一步，」富爸爸遞給我一個電話號碼，開始說了，「給我的財務顧問打個電話，說『我想制定一份能夠獲得長期財務保障的書面財務計畫。』」

「好的。」我接過紙條說。

「第二步，」富爸爸繼續說，「你寫完你的基本財務計畫後，打電話給我，我要看一看，好了，就到這裡吧，再見了。」

一個月後，我又打電話給他。我把我準備好的計畫拿給他看，他說：「很好，你打算按上面的去做嗎？」

「我想我不會。」我回答說，「太枯燥、太機械化了」。

「本來就是這樣的。」富爸爸說，「它本來就是很機械化、呆板和枯燥的，雖然我可以命令你這樣去做，但我不想強迫你。」

我逐漸平靜下來，說：「那我現在該怎麼辦？」

「現在，你自己去找一個顧問，寫份實現財務舒適度的計畫。」富爸爸說。

「你是說一個長期的、更大膽的財務計畫嗎？」我問。

「對。」富爸爸說。

「這倒是有點意思。」我說，「我能做到。」

「好。」富爸爸說，「你準備好之後，再給我打電話。」

四個月後，我終於完成我的財務計畫。制定這個計畫就不那麼容易了，至少不像我想像得那麼容易。我常常打電話給富爸爸，以確保計畫擬定的順利，但所花時間還是比我想像的要長。不過，制定計畫的過程非常有價值，因為在和不同的顧問的交談中，我學到了很多東西。逐漸對富爸爸灌輸給我的觀念有更進一步的理解。我所學到的經驗就是：如果你自己對你的投資計畫都很模糊，那麼你的顧問也很難搞清楚該怎樣去幫助你。

終於，我可以和富爸爸見面並把計畫拿給他看。富爸爸看完後停了一會兒說道：「很好」他坐在那裡看著計畫說：「現在你對你自己的了解有多少？」

「我發現，我真的很難說出我想從現實生活中得到什麼，因為現在我有那麼多種選擇……並且其中的很多種選擇都很吸引人。」

「很好。」他說，「這就是為什麼那麼多人換了一個又一個工作，從事這個業務又從事那個……但從來沒有真正達到他們所期望的財務狀況。所以儘管他們投入了大量的寶貴時間和金錢，卻毫無計畫平平淡淡地度過了一生。他們可能非常滿意他們正在做的事，但他們卻不知道他們正在失去更有價值的東西。」

「的確如此。」我非常同意，「這次，我本想去設計我的生活，而不再僅僅安於穩定的生活……但令人意想不到的是，我竟得以探究過去從來沒思考過的理念了，比如……」

「比如說什麼？」富爸爸問。

「嗯，如果我真的想過舒適的生活，我就不得不思考在生活中我想擁有什麼，比如去遠方旅行、豪華汽車、花費昂貴的假期、高級服裝、寬敞的房子等等。我不得不拓寬思維去思考未來，以發現我真正需要的東西。」

「那你找到了什麼？」富爸爸問。

「我覺得尋求保障太容易，因為我的計畫中僅有保障一項。我不知道真正的舒適是什麼樣的。所以保障容易做到，但定義舒適卻不那麼簡單了。我現在迫不及待地想搞清楚富有的定義、我怎樣計畫才能獲得財富。」

「很好，非常好。」富爸爸接著說，「很多人都已習慣量入為出和未雨綢繆的生活，所以他們從來就不會知道他們的生活可以變得有多好。他們照樣度年假、買豪華轎車、揮霍金錢，甚至負債去支付這些花費，然後又有罪惡感，感到很不安。但他們從來不想假如他們有個財務計畫，他們可能的財務狀況應該是什麼樣的，也從未想過他們如此忽視自己的財務潛能，其實是一種浪費。」

「生活中真是這樣的。」我說，「透過和顧問、專家們一起談論可能的財務狀況，我真的學到很多東西。我覺得過去我小看自己了。事實上，我感覺自己就像在低矮的房子裡徘徊了多年，盡量地節儉、儲蓄，尋求保障，量入為出。而現在我有實現舒適生活的計畫了，非常期待可以去找出富有的定義。」

「很好。」富爸爸笑道，「保持年輕、精力旺盛的秘訣，就是在你成長的過程中不斷找到新的目標，然後不斷地成長。最可悲的事，莫過於看到人們對生活中完全有可能實現的東西缺乏信心，自己貶低自己。很多人過著儉樸的生活、節衣縮食，他們認為這樣才叫有經濟頭腦。其實，這叫財務節制。隨著年齡的增長，這種困境就會在他們臉上和對生活的態度上表現出來。很多人把他們的一生囿於財務無知的籠子裡，就像動物園中關在籠子裡的野獅子一樣，來來回回踱著步子，猜想著牠們所熟悉的生活將會發生什麼樣的事情。在學會怎樣制定計畫的過程中，人們最重要的發現，就是了解自己生活中可能會發生的種種財務狀況……這是最有價值的。」

「接下來的計畫制定過程也使我容光煥發。有人問我，為什麼我會花那麼多時間去從事商業、去投資，並賺那麼多錢。我的回答是『做這些事情使我的感覺很好』。雖然我已賺了很多錢，能幹我想幹的事，但我依然要去做，就因為賺錢能使我保持年輕和充滿活力。你總不能叫一個大畫家在他成功後，停止畫畫吧？所以我為什麼要停止投資、停止進行業務往來、停止賺錢呢？這是我要做的，就像畫畫使畫家們保持他們的靈感、保持充沛的精力一樣，儘管或許他們的生理年齡已經很大了。」

「你叫我花時間去制定不同層次的計畫目的，就是讓我了解我未來可能的財務狀況，對嗎？」我問。

「是的。」富爸爸說，「那就是你必須制定計畫的原因。我們從上天賜予我們的生命中發現的東西愈多，我們的心就愈能保持年輕。那些僅僅為了穩定的生活而訂計畫的人，或者是那些認為『我退休後我的收入就會減少』的人，他們只是在計畫拮据的生活，而不是在計畫一個富足的生活。既然造物主給我們創造了無限豐富的物質生活，為什麼我們還要計畫過一個拮据的生活呢？」

「可能他們接受的教育就是這樣的。」我說。

「這就是個悲劇，」富爸爸回答說，「非常可悲。」

不知為什麼，我的腦海中忽然浮現出了窮爸爸的身影。我知道他現在正處於低潮期，正在為重新開始生活而奮力掙扎。很多次和他坐在一起時，我都試圖向他解釋一些我所了解到有關金錢的理念，但談話經常激化為爭論，就像持有不同價值觀的兩派之間進行的談判——一方堅持「安全」至上，而另一方則追求獲得財富，交談的結果總是以失敗而告終。我很愛我的父親，所以像金錢、財富和富裕一類的話題，都是我們盡量避免討論的，我決定還是讓他過自己喜歡的生活，我則一心一意過我自己的生活吧！如果他真想了解關於金錢的知識，我會隨時回答他的問題，但如果他沒有叫我幫助他，我是不會強迫別人接受我的幫助的。遺憾的是，他從來都沒有這方面的要求，這也最後促使我決定不再試圖在財務問題上幫助他，我只會去愛他和欣賞他的優點，不會再去提起我所認為關於他財務觀念上的弱點了。畢竟，愛和尊敬要遠遠比金錢重要得多。

意向測試

回想起來，我的親生父親，他只有一個透過穩定工作達到財務保障的計畫。起初這個計畫進行得順利而完美，但是由於他與頂頭上司競爭職位，導致他的計畫中途夭折。但他又沒有能力適時地調整計畫，於是，他不得不繼續他原有的安全保障計畫。所幸的是，他的確從教師津貼、社會保險和醫療保險中，獲得財務上的保障，以保證他基本的生活需求，如果再沒有這張安全網，他的財務狀況將會更糟。是的，他是為基本的生存條件而計畫，所以他僅僅能夠得到這些保障。與此相反的是，富爸爸是為財務富足而計畫的，並且最後他得到他想要的東西。

兩種生活方式都需要計畫。遺憾的是，很多人都只為清貧的生活而計畫，雖然另一個富有的世界也同時存在。你所需要的就是一份計畫。

意向測試：

你財務計畫是否具備下列特徵：

1、安全？是□　否□

2、舒適？是□　否□

3、富有？是□　否□

請記住富爸爸教給我們的，三種計畫都很重要。但安全與舒適仍然要在富有之前予以考慮，即使富有是你的第一選擇。所以我們可以得出這樣的結論：如果你想變得富有，你就同時需要三種計畫。當然，只想獲得舒適的生活只需要兩種計畫。同樣，只想尋求安全有保障的生活，就只需要一種計畫了。請牢記：只有3%的美國人是富人。很多人都只能制定出一種計畫，甚至有些人從來就沒有制定過任何的書面計畫。

第十一章 投資第十一課：變富前，先投資時間

「變富有的計畫和其它兩種價值觀的計畫有什麼不同？」我問道。

富爸爸在黃色便條紙上寫了以下幾個字：

1、獲得安全

2、獲得舒適

3、獲得財富

「你是指富有、安全和舒適之間的區別嗎？」

「對，這正是我想問的。」我應道。

「不同之處是代價。」富爸爸說，「變富的財務計畫與其它兩項計畫，在代價上有巨大的差異。」

「你的意思是說，獲得財富的財務計畫要投入更多的金錢？」我問。

「是這樣的，對大多數人來說，投入的多少是用金錢來衡量的。但如果你再看仔細

點，你就會發現投入多少不能用金錢來衡量，而是要用時間來計算。而且在時間和金錢這兩項資產中，時間是最寶貴的。」

我皺了皺眉頭，盡力去理解富爸爸的話，「你說代價是用時間來衡量，這句話是什麼意思？能為我舉一個例子嗎？」

「當然可以，」富爸爸說，「如果我從洛杉磯到紐約，一張車票要花多少錢？」

「我不知道，我猜不到一百美元吧，」我回答，「我沒買過從洛杉磯到紐約的車票。」

「我也沒買過，」富爸爸說，「現在，告訴我一張從洛杉磯到紐約的機票要花多少錢？」

「我也不太清楚，但我猜大概要五百美元左右吧。」我回答道。

「比較接近。」富爸爸說，「現在我問你，為什麼兩種票的價格不同？同樣都是從洛杉磯到紐約，為什麼機票要花更多的錢呢？」

「哦，我明白了。」我開始懂得富爸爸所暗示的東西了，「我花更多的錢買機票，是因為能節約時間。」

「與其說節約時間，不如說是花錢買時間。當你認識到時間的寶貴和時間亦有價格的那一刻開始，你將變得更富有。」

我靜靜地坐著、思考著。我真的沒有想過富爸爸所講的觀念，但我知道這對他來說非常重要。我想說點什麼，但又不知該說什麼。我的確明白時間是寶貴的，但卻從未想過它是有價格的。並且「買時間，而不是節約時間」這個觀念，對富爸爸來說是如此的重要，但對我來說卻從未重要過。

富爸爸感覺到了我的困惑，打破了沉默，「我打賭你在家會經常使用『節約』或『儲蓄』這一類的詞，我想你媽媽會經常說她去購物時要盡量地節約，還有你爸爸一定把存款看得很重要。」

「是的，他們的確是那樣。」我回答，「那麼對你來說他們的行為意謂著什麼呢？」

「他們努力工作，並想用節儉來儲蓄更多的錢，但他們卻浪費了很多時間。我在百貨商店裡見過很多購物的人，他們花了很多小時，僅僅就是為了節約幾美元。」富爸爸說，「他們可能節約了一點點錢，但卻浪費了很多的時間。」

「但是，難道節儉不重要嗎？」我反問，「難道不能透過節儉致富嗎？」

「我不是說節儉不重要。」富爸爸繼續說道，「當然，你或許也可以用節儉來致富，但我想說的是，真正的價值是用時間來衡量的。」

我的眉頭緊皺著，反覆思索著富爸爸所說的話。

「看，」富爸爸說，「你能夠用節儉來致富，你也可以用吝嗇來致富，但這要花很長的時間，就像你從洛杉磯到紐約坐汽車可以省錢一樣，然而，真正的價值是要用時間來衡量的。換句話說，花五個小時和五百美元坐飛機，或五天時間和一百美元乘汽車，都可以到達紐約。窮人用金錢衡量價值，而富人用時間衡量價值所在。這就是為什麼那麼多的窮人選擇乘公共汽車的原因。」

「是因為他們沒有錢，而有時間，對嗎？」我問，「這就是他們乘公共汽車的原因嗎？」

「答對了一部分。」富爸爸答道，但又搖了搖頭，暗示他並不滿意我的回答。

「是因為他們認為錢比時間更寶貴？」我盲目地猜測道。

「比較接近了，」富爸爸說，「我注意到一個人錢愈少，他把這錢捏得愈緊，我碰到過很多很有錢的窮人。」

「很有錢的窮人？」我疑惑不解地問道。

「是的。」富爸爸說，「他們之所以有很多錢，是因為他們把錢看得太重，而且緊緊抓住不放，就像金錢有什麼神奇的價值一樣。所以他們雖然有很多錢，但還是像沒錢時一樣窮。」

「所以窮人通常緊緊捏著錢不放，而富人卻很少這樣做，對嗎？」我問。

「我僅僅把錢看作一種交易的媒介。在現實生活中，錢本身沒有多大的價值。所以只要一有錢，我就想用它去換點有價值的東西。可笑的是，把錢看得愈重的人，花錢買的東西愈是沒有價值。這也許就是他們為什麼變窮的原因。他們說這些東西就跟存在銀行裡的錢一樣安全，其實當他們花掉他們的血汗錢買這些東西時，他們是在糟蹋他們的錢。」

「所以他們比你更加看重錢對嗎？」我對富爸爸說。

「是的。」富爸爸說，「在很多情況下，窮人和中產階級之所以整日要為生活而苦苦奮鬥，就是因為他們把金錢看得太重了。他們緊緊握住手中的錢，為錢努力地工作著，勤儉地過著日子，他們不惜花費寶貴的時間到處尋找買打折商品，盡可能地省錢。很多這樣的人想透過吝嗇變得富有。但是最終有一天，他們有可能會變得有很多錢，但他們依然很吝嗇。」

「我愈來愈聽不明白了。」我回答道，「你所說的正是我爸爸和媽媽經常給我灌輸的價值觀，你所說的正是我目前的思維方式。現在我在海軍陸戰隊服役，他們付給我的工資並不高，所以我覺得我那樣想也很自然。」

「我明白。」富爸爸回答說，「我承認節約和勤儉應該提倡，但今天我們談論的是致富的計畫與其他兩種計畫的不同之處。」

「不同之處是價值。」我重述了一遍。

「是的。」富爸爸說，「而且很多人都認為價值是用金錢來計算的。」

「你剛才說了，價值是要用時間來計算的。」我接著說，我開始漸漸明白富爸爸的用意了，「因為時間比金錢更重要。」

富爸爸點了點頭，說：「很多人都想致富或去做富人進行的投資，但他們都不願意投資時間。這就是為什麼一百個美國人中，只有三個富人的原因，而這三個人中，還有一個人是因為繼承遺產而富有的。」

富爸爸又再一次把我們一直討論的三個基本價值觀寫在黃色便條紙上。

1、安全

2、舒適

3、富有

「你可以用一種自動的體系或投資計畫來實現安全和舒適的生活。實際上，這也是我給大多數人的建議。他們只需要工作，然後把錢交給專業經紀人或機構去管理，由他們代理進行長期投資。以這種方式投資的人，可能要比自認為是華爾街高手的人強。遵循一個計畫有步驟地用錢投資，對大多數人來講是最好的投資方式。」

「但是如果我想獲得財富，我就必須投資於比金錢更有價值的東西，那就是時間。這是您在這一課裡想告訴我的嗎？」

「我想進一步確信你明白了這堂課。」富爸爸說，「你看，大多數人想變得富有，但他們不願意首先投資時間。他們寧願去經營一些當前的熱門投資專案或熱中於迅速致富的計畫。或者，他們想匆忙地開始一項業務，卻沒有任何的基本業務知識。然後，你就不會奇怪為什麼95%的小企業會在五到十年之內以失敗告終了吧。」

「他們匆匆忙忙地去賺錢，最後反而失去了金錢和時間。」我接著說，「他們只想靠自己去幹一番事業，而從未想過先投資學一些東西。」

「或者按照一個簡單的長期計畫進行。」富爸爸重複道，「你看，在西方國家，如果他能簡單地遵循一個長期計畫的話，幾乎每個人都很容易成為百萬富翁，但還是有很多人不願去投資時間，他們只想一夜致富。」

「相反地，他們會說『投資是有風險的』，或『要先有錢才能賺到錢』，甚至『我沒時間去學投資，我太忙了，我要工作，還要付帳單』等藉口。」當我開始明白富爸爸的觀點時，我如此接著說。

富爸爸點點頭說：「這些常見的觀點和藉口，就是為什麼只有少數的人能抵達充滿財富世界的原因。這些觀念，也可以用來解釋為什麼90％的人都有缺錢的財務問題，而不是錢太多的財務問題。正是這些關於金錢和投資的觀念有偏差，導致了他們的財務問題。他們要做的就是改變一些說法、改變一些觀念，這樣他們的財務狀況就會像變戲法般發生變化。但大多數人工作都太忙了，根本沒有時間去思考他們究竟在忙些什麼。他們經常說『我對學習投資不感興趣，這個題目也不吸引我』。他們這樣說著，同時他們也失去了實現富有的機會。他們成為了金錢的奴隸，整日為金錢所累，錢控制著他們的生活，他們勤儉節約，過著量入為出的生活。他們寧願這樣做，也不願去投資一點時間，制定一個計畫，讓錢為他們工作。」

「所以說時間比金錢更重要。」我說。

「對我來說是這樣的。」富爸爸說，「所以，如果你想進入富有的投資階層，你就應該打算投資比另兩個層次更多的時間。很多人不能超越安全和舒適這兩個生活層次，就是因為他們不願投資時間，然而這是我們都必須做出的個人決定。一個人至少應該有一個安全穩定或舒適寬裕的財務計畫。一個人沒有這兩個基本計畫，而致力於『變得富有』這個計畫，真的是很危險的。當然也會有極少數人取得成功，但大多數人不會。你可以看到在他們晚年的生活裡，窮困潦倒，儲蓄已耗盡，只能沉溺於過去的輝煌，談論曾經幾乎要成功的交易和曾經擁有的金錢。當他們的一生結束時，既沒有金錢也沒有時間。」

「我想，現在是我開始投資更多時間的時候了，特別是如果我想在富有計畫上投資的話。」我說。一想到我將來也會變成一個一貧如洗、一蹶不振的老人，飲著廉價啤酒，津津樂道過去幾年中幾乎要成功的交易，我就不寒而慄。我也曾經聽過和碰見過這樣的投資者，我真的不忍心看到一個人既失去了金錢，又沒了時間。

意向測試

投資「安全」和「舒適」這兩個層次，應該盡量地機械化或盡量地公式化，應該是不需要時常思考的。你所要做的就是把你的錢交給確信有良好聲譽的經紀人，而他們所要做的就是遵循你的計畫來進行操作。如果你開始得很早或運氣好，那麼雨過天晴，你將會有所收益。但要記住，這兩種投資計畫一定要簡單。

不過這裡有個警告。在生活中沒有無風險的事，只有低風險的事，投資也是如此。所以，如果你不能確定你的未來財務狀況，或對經紀人和企業不信任的話，你就該多做些調查。你的情感和直覺是很重要的，但也不能讓它們主宰你的全部生活。所以，如果你不能擺脫你的擔憂，那麼還是小心為妙。但請永遠記住投資的代價：一項投資愈安全，它需要花的時間也愈多，如果這項投資確實能帶來金錢的話。所以事物之間總是有因果關係的，正如人們說的那樣「世上沒有免費的午餐」。每件事物都有其代價，在投資領域裡，代價是用金錢和時間來衡量的。

一旦你的財務安全計畫或財務舒適計畫進入了軌道，並正常運行，那麼你就能更好地分析思考，你從朋友處聽到的與投資有關的小道消息了。投資金融領域是很有趣的，但一個人必須帶著責任心去做。在金融市場裡，有很多所謂的投資者，他們其實是真正的投機上癮賭徒。每當人們問我這樣的問題，比如「你投資哪些股票」時，我不得不回答說：「我任何股票都不選，專業基金經紀人會為我做這些事。」

然後他們經常會說：「我覺得你是個專業的投資者。」

我說：「是的，但我從不以大多數人的投資方式去投資。我以富爸爸教我的辦法去投資。」

我積極地投資於「富有」這個目標層次，只有極少數人能在這個層次投資或玩投資遊戲。這本書的以下部分，我將會講述富爸爸教給我如何在這個層次投資的情況。這個方法不是對每個人都適用，特別是如果你在安全的穩定保障及舒適寬裕這兩個層次裡，還沒進入正軌時，你最好不要用這個方法。

意向測試題如下：

1、你願意擬定一個恰當的投資計畫，以便去滿足你的財務安全、財務舒適需求嗎？

願意□　不願意□

2、你願意投資時間去學習富爸爸的富有投資計畫嗎？

願意□　不願意□

如果你不能確定你的答案，並且想在富爸爸的投資學習要求中找到應做什麼樣的努力、應承擔多大的風險的答案的話，這本書下面的內容將會給你一些非常實用的見解，告訴你應該在富有這個水平投資些什麼。

第十二章 投資第十二課：為什麼投資不是冒險？

人們常認為：投資要冒險。究其原因主要有三點：

1、他們沒有接受過「如何成為投資者」的專門訓練。

如果你看過《富爸爸，窮爸爸》的續篇《富爸爸，有錢有理：財務自由之路》，就會知道學校教育早已將多數人訓練成象限左側的人，而不是象限右側的人。

2、其次，多數投資者缺乏控制力。

富爸爸舉了這樣一個例子，「開車有風險，不過，真正危險的是開車時手離方向盤。」他說，「投資時，許多人都不懂得控制，就像開車時不握住方向盤一樣。」本書講到的不但是投資前的自我控制。如果投資前你無計畫、無原則、欠考慮，那麼其他的投資控制原則便沒有多少意義了。本書還會闡釋分析富爸爸的其他十項投資控制原則。

3、再者，人們認為投資有風險的另一個原因是：多數人是從外部投資，而不是從內部投資。

大部分人憑直覺認為，如果你想做筆交易，就需要對它的整體情況瞭如指掌。我們常聽到這樣的話：「這行我有個朋友。」其實哪個行業並不重要、做什麼事情都不重要，可以是買一輛小車、買戲票、買一套新裝，重要的是我們一定要知道，自己正在操作的這筆買賣，是在知悉對方內部情況的基礎上成交。這條原則同樣適合投資界。正如電影《華爾街》中麥克．道格拉斯扮演的反面人物戈登．蓋克所言：「你要嘛在局內、要嘛在局外。」

在稍後部分，我們會再探討局內和局外的關係。現在最能吸引我們注意力的是：象限左側的人通常在外部投資；相反，象限右側的人既從外部投資，也從內部投資。

一個重要的註釋

在本書的敘述過程中，許多重要的金錢理論可能會被一些人全盤否認，內部投資的理論可能就是其中之一。在現實世界中，合法的內部投資與非法的內部投資並存。兩者有一個重要的區別：非法的內部投資常常成為被媒體報導的醜聞；然而在現實中，合法的內部投資是占主流的，我所談的正是這種投資。

從某種程度上說，計程車司機津津樂道的焦點新聞通常就是內部消息。內部投資存在的真正的問題是，「你對內情究竟了解多少？」

富爸爸的計畫

當富爸爸列出以下三個主要的財務準則時，

1、安全

2、舒適

3、富有

富爸爸說：「當你在安全和舒適的投資水平上進行投資時，外部投資就是十分正確的。這就是為什麼你會願意把錢交給一個內行代替你去投資，因為他比你更接近內幕。可是如果你想獲得更大的財富，你就得比那些受人之託的投資專家們，更加熟悉你所投資公司的內幕實情。」

以上就是富爸爸「富有計畫」的核心內容。他就是這樣做的，他也因此變得很富有。要想按照他的計畫去做，我必須從象限右側的人那裡吸取經驗，不斷學習，而不能按象限左側的人的模式去做。為了達到這個目的，我就要比一般投資者投入更多的時間。本書將告訴你在由外部投資者轉變為內部投資者的過程中，你應該做些什麼。

在你決定之前

我意識到許多人想成為內部投資者，但並不想在學習投資上花費太多的時間。但是當你做出抉擇前、在你學習富爸爸「富有計畫」的具體內容前，我想我應該先簡單介紹一下投資的概念。希望你在看完下面幾章後，能學到投資的一些新方法，這些方法教你減小投資風險，即使你不想成為內部投資者，也能給你一些幫助，讓你更成功。正如我前面所說的，投資是一個非常個人化的事情，我完全尊重這個事實。我知道大多數人不願意像富爸爸和我那樣，把時間花在研究投資物件上。

在深入研究富爸爸這項使我變成富有型投資者的教育計畫之前，以下幾個章節將對富爸爸的投資計畫進行概述說明。

意向測試

商業投資和職業體育運動有許多相似之處，我們以職業橄欖球運動為例。超級杯大賽是全世界關注的比賽。球員們在綠茵球場上你追我趕，球迷們在看臺上歡呼雀躍，喝采聲如頭頂上的飛機聲一樣震耳欲聾。從啦啦隊長到擺攤小販，從現場解說員到電視機前關注賽事的球迷，沒有人不感到興奮、激動。

現在，對許多投資者來說，投資的世界就像是一場職業橄欖球賽，你會有類似觀看橄欖球賽的體驗。電視裡，股市評論員繪聲繪影地評析實力雄厚的績優股公司動向。狂熱的股民們爭購股票，就像狂熱的球迷爭購球票一樣，股民們會像球迷為喜歡的球隊吶喊般對待自己的股票。同樣也有股市啦啦隊長，他們告訴你為什麼股票價格上漲；如果股市行情下跌，他們就會說不久之後，價格還會上漲，以此使你重新振作起來。還有那些股票經紀人，如同那些橄欖球賽經紀人一樣，他們通過電話聯絡進行股票報價，並且記錄你下注的股票。像球迷讀報紙的體育版一樣，你要經常讀財經版了解股市。更有甚者，這裡也有「票販子」，只不過在財經界，他們不把高價票賣給遲到者，而是把高價內幕消息賣給那些有資格並想進入遊戲圈內的人。於是，就有了那些既賣熱狗又賣胃藥的小販，也就有了交易日結束時清掃垃圾的人。當然，還包括在家的觀眾。

我們當中大部分人只能看到體育運動和投資場所表面上轟轟烈烈的畫面，卻不能洞察這後面隱藏著的深層次東西，這就是遊戲背後的交易。也許你偶爾會看到球隊的老闆，正如你看到首席執行官CEO或公司的總裁，這些人並不是球賽或啦啦隊的實際參與者，但他們才是遊戲的真正參與者。因此富爸爸說：「隱藏在表象後的交易，才算得上真正的遊戲。這種背後的交易只管賺錢，而根本不在乎誰勝誰負或股市漲跌。這些交易就是賣出比賽的門票，甚至賣出整個球隊和比賽，而不是購買門票。」這就是富爸爸教我的投資遊戲，這個遊戲成就了世界上最富有的人。

因此，這一章的意向測試題是：

1、你願意從現在起控制自己嗎？

願意□　不願意□

2、到目前為止，你願意投入時間來學習如何變成一個成功的投資者嗎？

願意□　不願意□

第十三章 投資第十三課：你想坐在桌子的哪一邊？

我的窮爸爸總是說：「要努力工作，要努力賺錢。」

而我的富爸爸說：「如果你只想過有安全感、不愁衣食的溫飽生活，努力工作和儲蓄就足以使你達到目的了。但如果你想成為富翁，光靠努力工作和儲蓄是遠遠不夠的。當然，安於溫飽現狀的人對此會說『投資太冒險了』。」

基於諸多原因，富爸爸曾一再告誡邁克和我，努力工作和儲蓄不是他成為富人的道路。他很清楚，努力工作和儲蓄只適合一般大眾，卻不是富翁們致富的原則。

他建議我們制定一個不同於常規的財富計畫，主要有以下三種原因：

1、他說：「寄希望於努力工作和儲蓄的人不會有真正的致富機會，因為你的工作收入和儲蓄都將被徵稅。政府徵稅基於以下幾個原則，個人收入要上稅，儲蓄要上稅，花錢買東西或是辦喪事也要上稅。所以，如果你想成為富翁，不僅需要努力工作和儲蓄，還必須找到更好的賺錢方法。」

富爸爸進一步解釋說：「當你往銀行裡存一千美元時，政府首先已從收入過程中徵過稅了。也就是說要往銀行裡存一千美元，你或許得先賺到一千三百美元或更多才行。如果不幸遇到通貨膨脹，你的一千美元就會碰上貶值的厄運，並會逐年貶值。你的那點微薄利息禁不起通貨膨脹和稅務的折騰，三兩下就沒了。假設銀行付給你本金5％的利息，通貨膨脹使利息損失4％，同時又被徵30％的利息稅，你儲蓄的最後結果，反而是丟了錢。」正因為如此，富爸爸才認為僅僅靠努力工作和儲蓄，並不會讓人擁有想要的財富。

2、第二個原因是：靠努力工作和儲蓄過日子的人總認為投資很冒險。這種人常常拒絕學習新東西。

3、第三個原因是：堅信努力工作和儲蓄，並堅信投資有風險的人，很難看到硬幣的另一面。本章節將告訴你為什麼投資不一定要有風險。

為什麼投資沒有冒風險？

當富爸爸談論一些複雜的問題或話題時，他總是能深入淺出、言簡意賅，使每個人都能明白他講的基本意思。

比如在《富爸爸，窮爸爸》一書中，他用收益表和資產負債表的簡單圖式教我會計財務知識。

在《富爸爸，有錢有理：財務自由之路》一書中，他用象限圖說明四個象限的人，具有不同的情感認識和教育經歷。對我來說，要懂得投資，首先必須完全明白這兩本書介紹的內容。

我在十二歲到十五歲期間，富爸爸要對應聘者進行面試時，有時他會叫我去坐在他的旁邊。他的招聘面試時間通常是在下午四點半，我就會坐在一張棕色的大木桌後面、富爸爸的身旁。桌子對面是應聘者的椅子。祕書讓應聘者依序進入，並讓他們坐在那張椅子上。

面試中，我看到許多人是為了每小時一美元的薪水和微薄的福利而來。雖然當時我只是個涉世未深的少年，但我知道這樣的薪水根本不足以維持家庭的生計，更別提富有了，一天才能賺到八美元呀！

我親眼目睹許多大學生、甚至博士畢業生，來求取管理或技術方面的工作，而這些工作的月薪還不到五百美金。

一段時間後，坐在桌子後面在富爸爸身旁的新鮮感漸漸消退了。無論是面試前，面試中或面試後，富爸爸什麼也沒表示。終於，十五歲時，我再也忍受不了這種枯燥的沉默。我問他：

「你為什麼讓我坐在這兒看人們求職？在這裡我什麼也學不到，而且也沒有什麼意思。而且，看見人們這麼缺錢、這樣渴求工作，我的心裡很難受。有些求職者真的很沮喪。他們不能放棄目前的工作，除非你要錄用他們。我猜如果沒有工錢，他們連維持三個月的生計都成問題。有些人的年紀比你還大，而且沒什麼錢。怎麼會這樣呢？為什麼你要我看這些呢？我每看一次，心裡就難過一次。他們來求職是一件很正常的事情，但是從他們的眼中流露出那麼多對金錢的渴求，我看到這些就會感到很不安。」

富爸爸若有所思地坐在桌子邊，一陣沉默後，他說：「我一直在等你問這個問題。面對這些求職者，我一樣感到痛心。正因為這樣，我才想讓你在長大以前目睹這一切。」富爸爸說著，掏出了他的便條本，畫了一個現金流象限圖。

「你現在剛上高中，但過不了多久，你就得考慮一個非常重要的問題，你長大後想去幹什麼。我知道你爸爸鼓勵你上大學，這樣保證你將來會得到一份高薪的工作。如果你也這麼想的話，你在圖中的方向就是這樣的。」富爸爸邊說，邊在象限左側畫了個箭頭。

「如果你照我說的去做，你就會成為象限右側的人。」說著，他在象限右側畫了一個箭頭。

「這張圖和這些話，你都畫過且說過無數遍了。」我小聲嘀咕著，「你怎麼又說起來了？」

「因為如果你聽從你父親的意見，將來你就會發現自己會坐在桌子另一邊的求職椅上。如果你採納我的建議，你就會坐在我這邊的椅子上。你是高中生了，不管是有意識或無意識，你都得做出決定，你要坐在桌子的哪一邊？我讓你和我坐一起，是因為我想讓你知道，人們對生活有不同的觀點和看法。我並不是說桌子的這一邊就一定比另一邊好。事實上，每一邊都有它的好處和壞處。我只想讓你現在就開始選擇你要坐在哪一邊，因為你現在所學的，能決定你將來的歸宿，你是願意做象限左側的人呢，還是願意做象限右側的人？」

十年後充滿關愛的提示

一九七三年，富爸爸和我一起回憶起在我十五歲時的那次談話。「你記不記得我問過你願意坐在桌子的哪一邊？」他問道。

我點點頭，「我們誰也沒有想到，我父親一輩子安於穩定，一生做人家的雇員，卻在他五十歲時，又重新坐到了求職者的座位上。他四十歲的時候功成名就，然而僅僅過了十年，他的輝煌和成就便隨風飄逝、煙消雲散了。」

「其實你父親是很有勇氣的，可惜的是，他沒有早做打算，沒有為今天發生在他身上的事情提前做準備。他現在工作出現了問題，並且面臨財務危機，如果他不能迅速地做出反應，那麼他的情況會更糟。如果他繼續抱定找一個穩定工作的老念頭，他的後半生恐怕會白白浪費了。我現在幫不了他了，但我能幫助你，為你指導。」富爸爸說。

「所以你要教我選擇坐在桌子的哪一邊，對嗎？」我問道，「是選擇做航空公司的駕駛員呢，還是開拓自己的道路？」

「不盡然。」富爸爸說，「在這一課裡，我只想為你說明一些事情。」

「說明什麼？」我問。

富爸爸又一次畫出了現金流象限圖。

他說：「太多的年輕人把目光集中在象限的一側。我們小的時候總會被問道：『你長大了要幹什麼呀？』如果留心的話，你就會發現大多數孩子的回答會是消防隊員、芭蕾舞演員、醫生或老師之類的職業。」

「因此大多數孩子選擇了象限左側的E和S。」我接著說。

「對。」富爸爸說，「而I象限，就是投資者的象限，只是孩子們長大後才想的事，如果他們能想得到的話。在許多家庭裡，所有有關I象限的介紹，就是父母們說的『你要找一份福利好的工作，要有完善的退休計畫』。換句話說，就是要讓你的長期投資需要完全依賴於公司。但一切都在飛速地變化著。」

「為什麼這麼說呢？」我問道，「為什麼說情況在變化呢？」

「我們正處於全球經濟一體化的時代。」富爸爸說，「公司要想在全球競爭中生存，就必須減少開支。而公司的一項主要開支，就是員工的工資和退休金計畫。記住我現在說的話，幾年後，投資退休計畫的重責大任，將轉移到員工身上。」

「你的意思是，人們不能再依賴老闆和政府的養老金，而只能自己養活自己了？」我問道。

「是這樣的。對窮人而言，這個問題尤其嚴重，我尤其為他們擔心。」富爸爸說，「正因為這樣，我才讓你回憶當年坐在那些求職者對面的情景，工作是他們唯一的收入來源。當你到了我這個年紀時，社會將面臨一個嚴峻的問題：如何安頓那些上了年紀又沒有經濟收入、沒有醫療保險的人？你們這一代『戰後嬰兒潮』出生的人，承擔著解決這個問題的重任。到二〇一〇年左右，這個問題將變得非常嚴重。」

「那我該怎麼辦呢？」我問。

「拋開其他的，選擇最有價值的I象限。你長大後，就應該做投資者。你要讓錢為你工作，只有這樣，當你不想工作或不能工作時，才可以不去工作。你恐怕不想在五十二歲時重蹈你父親的覆轍，不想到那時再讓一切從零開始吧？那你就應該想清楚，做哪個象限的人能使你賺到最多的錢，要知道是正是E象限的觀念害了你的父親。」富爸爸說。

「要想知道所有象限的人是怎麼做的，你就得分別嘗試坐在桌子的兩側，這樣你才能看見硬幣的正反兩面。」富爸爸用「雙面硬幣」的故事，對這個問題做了總結。

最重要的一個象限

富爸爸向我解釋窮人和富人之間的一個差異，這個差異表現在父母對孩子的教育方式不同。

他說：「邁克十五歲時，已經有了屬於他自己超過二十萬美金的投資組合，而你什麼都沒有。你有的只是一心要上大學、找份好工作。這就是你父親認為最重要的東西。」

富爸爸告訴我，他兒子邁克在高中畢業前就已經了解如何做投資者了。「我讓他自己選擇他的事業，」富爸爸說，「我希望他能根據自己的興趣愛好做出選擇，即使這種興趣不是接管我的公司。但無論他要做警察、政治家或詩人，我都要求他首先成為一個投資者。不管你從事什麼職業，只要具備投資者的資質，那麼一直走下去，你將會愈來愈富有。」

多年後，當我結識到愈來愈多的富翁時，許多人都說過同樣的話。我很多富有的朋友都提到，他們很小的時候，父母就引導他們自己去投資，學做投資者。這一切都是發生在他們考慮從事何種職業之前的。

意向測試

在工業時代，雇傭的原則是這樣的：公司將終生雇用你，他會為你退休後的需要預先進行投資。一九八〇年時，男人退休後生活的時間平均只有一年，女人為兩年。

換言之，你只需用心在E象限做雇員，你的老闆會負責I象限裡的事情。這聽來讓人非常放心，尤其是對我父母那一代人而言，更是如此，因為他們受盡了戰爭之苦，歷經了大蕭條的艱苦歲月。歷史在他們的思想和財務觀念上，打下了深深的時代烙印。

許多人至今仍抱守著陳舊的財務觀念，而且將這種觀念傳給後代。還有一些人堅信，他們的房子是一筆資產，也是最重要的投資。

但那都是工業時代的思考方式。在工業時代，這就是人們知道的有關金錢管理的所有知識，因為其餘的一切，都會由公司、工會及政府來替他們管理。

然而時過境遷，這種舊的雇傭原則已不復存在了。在資訊時代的今天，我們多數人需要更多的財務知識。我們需要區分資產和負債之間的差異。壽命延長了，因而我們的晚年需要更多、更穩定的收入。

如果你的房子是你最大的投資，那很有可能會陷入財務困境中。你必須擁有比房子價值更大的投資組合。

解決上面這個問題的好辦法就是：到I象限去，你將學會自己依靠自己，因為I象限是一條通往財務自由的道路。

意向測試的問題是：

1、你首先想到哪個象限去（哪個象限對你來說最重要）？

E□　S□　B□　I□

2、你最終選擇坐在桌子的哪一邊？

關於這題，我沒有列出選項。這是因為，你也許留心到，當一個大公司宣布解雇大批員工時，它的股價就會上漲。這就是坐在一張桌子兩邊境況截然不同的例子。當一個人由桌子的一邊坐到另一邊時，他的世界觀也隨之改變了。

同樣，當一個人改變了他所處的象限時，他就會跳出陳舊觀念的束縛，改變腦子裡固有的東西。我相信時代的變遷會帶來觀念的更新，思維方式將由工業時代向資訊時代而轉變，它還會使公司和企業主面臨來自未來的最大挑戰。「規則正開始發生變化。」

第十四章 投資第十四課：投資的基本原則

我對個人財務狀況的進展程度感到灰心失望。還有四個月我就要結束軍旅生活，重新進入到現實世界，並且已經決定放棄進入航空公司的努力。一九七四年六月，我最後決定進軍商業領域，看看自己能否跨入B象限。在富爸爸的指導下，做出這樣的決定並不太難，然而要真正獲得財務上的成功，對我而言，卻是一種巨大的壓力。因為當時的我在財力上是如此地落後，尤其是與邁克相比，更加相形見絀。

一次在與富爸爸會面時，我沮喪地道出了我的想法。我說：「我制定了兩個計畫，第一個計畫保證自己基本的財務保障；第二個計畫是一個略帶野心的投資計畫，那就是做到豐衣足食。照現在的情形來看，這些計畫會順利進行，但即使是成功了，我的富裕程度也遠遠趕不上你和邁克。」

聽完這些話，富爸爸笑了，他說：「投資不是賽跑，你並不是在與其他人競爭，競爭者的財務生活永遠是大起大落，所以你不要一心想著拿第一。在賺錢方面，你只需努力做一個好的投資者就足夠了。如果你重視學習投資知識，並在實踐中取得經驗，你就會獲得財富。但如果你整日想著快速致富，或要比邁克更加富有的話，很有可能會一敗塗地。適度的比較和競爭是有益的，但你在財務之路上的真正目標，只是成為一個更優秀、更精通理財知識的投資者。除此之外的一切想法，都是愚蠢和冒險的。」

我坐在那裡點了點頭，心裡稍稍好受些。我明白與其想賺更多的錢，冒更大的險，不如努力多學習一些投資的知識。這將對我有更大的意義，這樣做風險減小了，而且不需要花很多的錢，那個時候我也沒有很多的錢。

談到邁克一開始就選擇I象限而不是B或E象限的原因時，富爸爸解釋說：「富人的目標就是讓錢為他工作，而他卻可以不工作。那麼，為什麼不一開始就瞄準這樣的目標呢？」他進而解釋為什麼在我和邁克十歲時，他就鼓勵我們打高爾夫球的原因。他說，「你可以一輩子都打高爾夫球，但橄欖球只能打幾年，既然如此，為什麼不在一開始，就選擇與你相伴一生的遊戲呢？」

當時，我沒在意他的話，而邁克卻一直在打高爾夫球。我呢？棒球、足球、橄欖球都玩過。並不特別擅長其中的任何一項，但我喜愛這些運動，我很高興曾經從事過這些運動。

但十五年的打球經驗和投資嘗試，把邁克從最初的高爾夫球新手變成出色的好手，從不起眼的小投資者變成控制鉅額投資組合的大投資家，他有著比我更多、更豐富的投資經驗。而我在二十五歲時，才開始學打高爾夫球，才成為投資遊戲的入門者。

我講這些是為了說明，不管你的年齡有多大，盡早掌握做事的原則和基礎，包括生活中的一些遊戲，都是非常重要的。大部分人在打高爾夫球之前，總要上一些高爾夫訓練課，以掌握一些基本技巧，但遺憾的是，在拿血汗錢進行投資前，卻很少有人願意學習投資所需的基本原則和知識。

投資的七個基本原則

「既然你已經擬定出兩個計畫，一個是有安全保障的計畫，一個是使生活能夠獲得舒適寬裕的計畫，那麼我就為你講講投資的基本原則吧。」富爸爸說。他向我解釋說，有太多的人開始投資時，沒有這兩個計畫，這樣做是很危險的。他說：「當你擬定計畫之後，你就可以利用各種投資工具去實踐並不斷學習更多的技能了。就是出於這個原因，在往後繼續上課之前，我一直在等你花些時間擬定出這兩個大綱的投資計畫。」

基本原則之一：

「投資的第一條原則，是要弄清工作所得的錢是屬於哪種類型的收入。」富爸爸說。

多年來，富爸爸常常告訴邁克和我，收入有三種類型：

1、工資收入（Ordinary earned income）：工作帶來的或因付出某種勞動而獲得的收入，稱為「工資收入」，它最普通的形式是工資，這也是納稅最高的收入。因此，要靠工資收入來積累財富是十分困難的。當你對孩子說「找份好工作」時，就等於在讓他為工資而工作。

2、有價證券收入（Portfolio Income）：從股票、債券、共同基金等票據資產中獲得的收入，稱為「證券收入」。它是最受歡迎的投資收入形式，因為票據資產比其他資產更容易管理和保存。

3、被動收入（Passive Income）：從不動產中得到的收入稱為「被動收入」。被動收入的來源還包括專利使用費或許可證費用。不過在大約80％的情況下，被動收入是來自於不動產。不動產收入能享有很多稅收優惠待遇。

兩位爸爸之間持久爭論的焦點之一是如何教育孩子。窮爸爸總是對我說：「努力學習，拿高分，這樣你才能找到好工作、才能成為一個勤奮優秀的人。」當時，我和邁克都是高中生，富爸爸總是拿這些話開玩笑。他說：「你爸可是個勤奮優秀的人，但是如果他一直是這樣的思維模式，也就永遠別指望成為富人。如果你們聽我的，如果你們想成為富人的話，就要努力獲得證券收入和被動收入，這樣才會成為富人。」

回想起來，我當時並沒有透徹理解，也沒有理解他們的話有著什麼樣的不同哲理。直到二十五歲時，才逐漸明白過來。我父親要在五十二歲時從頭開始，他仍然看重工資收入。他認定了一個東西，就會把一生的時間花在這個東西上。與之相反，富爸爸很有錢、會享受生活，這是因為他擁有三種源源不斷的收入。於是，我知道我要為哪種類型的收入努力工作了，當然它絕不是工資收入。

基本原則之二：

「投資的第二個原則，是要盡可能有效地把你的工資收入，變為證券收入或被動收入。」富爸爸說著，在他的黃色便條本上畫了一幅圖。

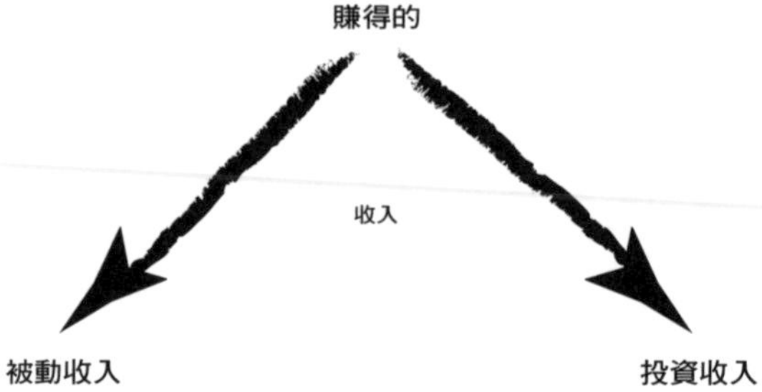

「簡言之，這是所有投資者都要做的，」富爸爸微笑著總結，「這是最基本的」。

「那麼我該怎麼做呢？」我問，「要是我沒有錢，怎樣才能得到錢呢？萬一賠了錢，我該怎麼辦？」我追問他。

「怎麼辦？怎麼辦？怎麼辦？你好像以前一部電影中的印第安人一樣。」富爸爸說。

「但這是現實存在的問題呀。」我不服氣地說。

「我知道這是現實存在的問題，但現在我只想讓你明白基本原則，以後我再回答你的問題，行嗎？要小心那些消極思想的侵蝕，投資和生活一樣，總免不了有風險，人們就是因為消極心理和害怕風險，結果錯過了不少好機會，明白嗎？」

我點點頭說：「明白了，要從最基本的做起。」

基本原則之三：

富爸爸很滿意我剛剛的回答，他點頭說：「投資的第三個原則，就是透過購買證券將工資收入留住，並將工資收入轉為被動收入或證券收入。」

「藉由買證券留住工資收入？」我問，「我不太明白，那資產和負債又是怎麼回事？」

「問得好。」富爸爸說，「現在我要擴大你的辭彙量。現在是超越你對資產和負債的簡單理解的時候了，大多數人都無法跳出舊有的理解。但在這裡我想指出的是，並不是像人們所想的那樣，所有的證券都是資產。」

「你的意思是股票或不動產都是一種證券，但不一定是資產？」我問。

「是這樣的。但是一般投資者大多分不清證券和資產，甚至包括很多專家在內，也弄不清兩者的區別。許多人認為所有的證券都是資產。」

「那麼到底它們有什麼不同呢？」我問。

「證券是用來留住金錢的東西，一般說來，政府用規章制度把這些證券牢牢抓在手中。正因為如此，我們才把監管投資領域的組織稱作證券交易委員會，而不是叫做『資產交易委員會』。」

「這樣說來，政府知道證券不一定是資產了。」我說。

富爸爸點頭道：「也沒人把它叫做『證券保證委員會』，政府明白它們所能做的，就是通過制定嚴格的規則，並通過執行規則努力維持秩序。政府也不能保證手中擁有證券的每個人都能賺到錢。因此，不能把證券叫做資產。你還記不記得資產和負債的基本定義？資產是往你的口袋裡裝錢、增加你的收入的東西；負債是讓你往外掏錢，並使你的支出一欄裡的數位不斷變大。這是最基礎的理財知識。」

我點點頭說：「所以，投資者要自己分清哪些證券是資產、哪些證券是負債。」我漸漸明白富爸爸這番話的用意了。

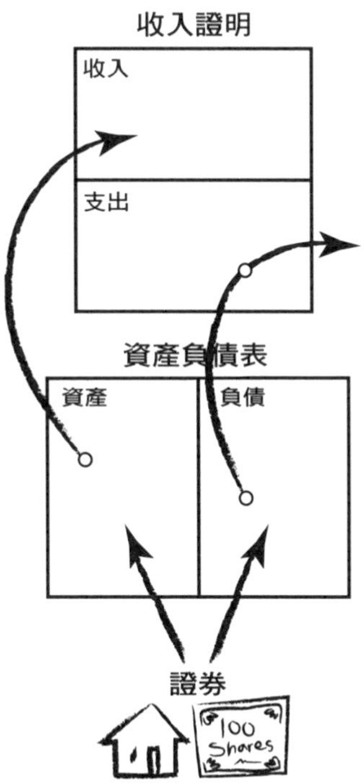

「不錯。」富爸爸又掏出了他的本子，勾畫出上面的圖。

「投資者常聽到人們把證券叫做資產，誤解就是這樣產生的。普通投資者在投資時顯得很膽怯，因為他們知道，投資就是買入證券，問題是不一定能從中賺錢，買入證券也可能導致虧本。」富爸爸說。

「所以如果證券賺錢了，那麼就像你畫的圖所示，財務報表中收入一欄中的數位就會變大，這時的證券就成了資產。但如果虧了本，財務報表支出欄中的數位就會變大，此時的證券就是負債。實際上，同一個證券可以在資產和負債間相互轉化。比如十二月我以每股二十美元的價錢買進ABC公司一百股股票，到次年一月份，我以每股三十美元的價錢賣出十股，於是這十股股票就成了資產，因為它們增加了我的收入。但到了三月份，我僅以每股十美元的價錢賣出了十股，此刻的十股變成了負債，因為它使我產生虧損。」

富爸爸清了清嗓子說：「所以，我只把證券看成我的一種投資工具，它到底是資產還是負債，要由我這個投資者的決策來決定。」

「風險正是源於這裡。」我說，「正是由於投資者分不清資產和負債，才導致了投資風險。」

基本原則之四：

「投資的第四條原則，就是投資者本身才是真正的資產或負債。」富爸爸說。

「什麼？」我很驚異，「投資者才是真正的資產或負債，不是投資專案或證券嗎？」

富爸爸點點頭，「人們常常感歎投資有風險，實際上，有風險的是投資者，歸根究柢，投資者自身才是資產或負債。我曾目睹許多所謂的投資者，在別人賺錢時，他們卻在丟錢。我也賣過公司給那些所謂的商人，公司在他們手上不久就遭到破產的厄運。我還見過人們買了一份非常好的不動產，並且用它賺了很多錢，然而幾年後，這份不動產還是虧損了，最後變得七零八落。因此每當我聽到人們說投資有風險時，我知道真正有風險的是投資者本身，而不是投資的專案。事實上，投資高手擅長關注有風險的投資者的一舉一動，因為他們常常能從那些有風險的投資者手中買到最合適的投資專案。」

「怪不得你總喜歡聽那些冒險投資者抱怨投資的損失。」我說，「你是想從他們的錯誤中看看能否找到一個投資獵物。」

「你知道了吧。」富爸爸說，「我是在找鐵達尼號的船長呢！」

「難怪你對人們從股票中賺到很多錢、從不動產中賺到大錢不感興趣。有人告訴你，他花五美元買的股票已經漲到二十五美元時，你也不愛聽。」

「你對我可真是觀察入微呀。」富爸爸說，「只有傻瓜才會去迷戀那些快速賺錢、過眼財富的童話，這種故事只能吸引失敗者。如果一種股票為眾人熟知並能賺很多的錢，這就意謂著好事已過去了，或馬上就要過去。我情願聽一些不幸的投資故事，因為我常能從中找到不錯的投資專案。做為B和I象限的人，我希望能找到還是負債性質的證券，然後把它們轉變為資產，或是持有它並等待其他人將它們變為資產。」

「如此說來，你就是一個逆向投資者了。」我說出自己的觀點，「就是那種與公眾意見背道而馳的投資者。」

「這是一種外行的說法。大多數人認為，逆向投資者與社會格格不入、不太合群，這是錯誤的。做為象限右側的人，我把自己視為一個修理工。我要看那些『投資殘骸』是否能重新拼合。如果能拼好，而且其他的投資者也期望它能拼好的話，那麼仍然是一項好的投資專案，只是需要人去拼好它。如果拼不好，或是拼好了也沒人要，那我也不會要它。因此，真正的投資者應該想別人之所想，所以我不是純粹的逆向投資者。別人不想要的東西，我買它幹什麼呢？」

「還有第五個基本原則，對吧？」我問。

基本原則之五：

「沒錯。」富爸爸接著說，「投資者的第五個基本原則，在於真正的投資者總是能為萬事做好準備，而那些非投資者卻總想猜測將來會發生什麼、什麼時間發生。」

「什麼意思？」我問。

「你聽說過這樣的話嗎，『二十年前我本來可以買下那塊地，當時才五百美元一英畝，可是現在呢？這塊地旁邊蓋了一家購物中心，地價一下漲到每英畝五十萬美元了，我當初真該買下來。』」

「聽過不止一次呢！」

「我們都聽過這樣的話，」富爸爸說，「這就是對未來發生的事情不做準備的例子。大部分能為你賺錢的投資專案常常稍縱即逝。通常達成交易的時間只是一瞬間，而等待新的機會可能要幾年的時間，比如不動產交易。但不管機會何時降臨，如果你不事先儲備好足夠的知識、經驗、現金的話，就只能與好機會擦肩而過了。」

「那要如何準備呢？」

「你要記住其他人正在尋找什麼東西。如果你想買股票，就要先上一個教你如何選股票的學習班。投資不動產也是一樣的。其目的就是訓練你的大腦對投資物件的靈敏性，學會為瞬間出現的投資專案提前做好準備。這很像足球運動，你踢著踢著，突然，決定勝負的射門機會出現了。面對這一機會，你要嘛就是有所準備、要嘛就是措手不及；要嘛就是早已就位、準備射門，要嘛就是還沒有準備好。不過，即使你錯過這次射門或投資時機，還會有下一次千載難逢的好機會等著你，說不定就近在眼前。幸好在每天之中，都有無數的機會，但首先你要選擇好遊戲，並學會如何玩遊戲。」

「難怪當別人抱怨錯過一筆好買賣，或是告訴你要投資這個、投資那個時，你總是一笑置之。」

「對極了。在很多人的思想中，這個世界是貧乏的，而不是富足的，他們經常為錯失良機而捶胸頓足，或死命抓住一筆買賣不放，因為在他們看來，那是唯一的機會。如果你是象限右側的人，你就會知道，商機和買賣多的是，你會信心十足，因為你知道，你能達成別人放棄的交易，並使之成為一樁好生意。這就是我所說的要投資於時間去進行準備。如果你有所準備的話，機會和買賣就會出現在你一生中的每一天、每一刻。」

「這就是為什麼你能找到那種未開發的土地，而且你僅僅是在街上走路就發現了它。」我回憶起富爸爸是如何找到他最好的不動產，「你看到地上被踩壞、寫著『出售』牌子的那塊地，別人都沒注意到。你找到那塊土地的主人，以低廉而公平的價格將它買下。他收下錢，因為兩年多來，沒有人願意出價買地。你說的就是這個意思，對嗎？」

「對，是這個意思，而且那塊地比我其他的投資都好。這還是我說的要有所準備。我知道那塊地的價值，同時也知道幾個月後，地的周圍會發生什麼樣的變化，以低廉的價格投資一塊風險極小但極具價值的土地，何樂而不為呢？現在，我還想在那塊地附近再找十塊相同的地呢！」

「那麼，不要猜測又是什麼意思？」我問。

「人們常說『如果市場倒閉了，我該怎麼辦呢？到時候我的投資會怎樣呢？我不能投資。我要等等看情況如何再做決定』，你聽過這樣的話嗎？」

「聽過很多次。」我說。

「我常看到很多人，當他們面臨投資良機時，卻退縮了。因為他們的內心充滿恐懼，一開始就去猜測災難了。出於這種消極情緒，他們決定不投資，或者是把不該賣的賣掉、，把不該買的買回，投資行為的發生完全依賴於樂觀的猜測或悲觀的預感。」

「如果他們有一點點投資知識和投資經驗，並且做好準備的話，這些問題都能迎刃而解了。」我說。

「對呀。」富爸爸說，「除此之外，投資高手的另一個基本原則是，無論市場行情是上漲或下跌，都應該隨時準備獲利。實際上，最好的投資者在市場蕭條時反倒能賺更多的錢，這是因為行情下跌的速度比上漲的速度快。正如投資高手所言，牛市上漲行情緩緩來臨，而熊市下跌崩盤卻瞬間光顧（the bull comes up the stairs and the bear goes out the window），如果你無法對市場的每一種情況進行把握，做為投資者，而不是投資本身，你就是在冒險了。」

「這就是說，許多人都預感到他們不會成為富有的投資者。」

富爸爸點點頭，「人們常常這樣說『我不買房地產，因為我討厭半夜三更被要求修廁所的電話吵醒』，我也不想這樣，因此我設置了房地產經理的職務。但是我的確看中房地產的稅收優惠政策，這種優惠，股票是給不了的。」

「因此人們不去進行準備，卻總認為自己沒有機會。」我應聲道，同時明白了為什麼做好準備是如此的重要，「我要怎樣做，才算得上做好準備了呢？」

「我會教你一些基本的交易技巧，這些技巧是投資專家必備的，比如空頭、買方期權、賣方期權、雙向期權等等。這些以後再講。現在，你只要知道做準備比所謂的猜測或預測更好、更重要，這就足夠了。」

「不過，關於準備，我還有一個問題。」

「什麼問題？」富爸爸問。

「要是我找到一筆買賣，可是沒錢怎麼辦？」我問。

基本原則之六：

「這就是投資基本原則之六要講的，」富爸爸說，「如果你準備好了，也就是說，你學習了投資知識，有了投資經驗，並且找到了一筆好買賣，這時，錢就會自己找上門來，或者說，你就會找到錢。好買賣總是會引發人們的欲望。我這麼說，並不是要從相反方向利用人類的欲望，我所說的欲望，是整個人類所共有的一種心理特徵。因此，當人們發現一筆好買賣時，這筆買賣就會吸引資金。如果這樁生意不佳，要籌錢的確不易。」

「你看到過好生意籌不到錢的情況嗎？」我問道。

「見得多了，但那不是生意本身籌不到錢，而是人們控制不當造成的。換言之，如果控制不當者讓位的話，生意就會興旺起來。這個道理，就和平庸的司機駕駛超級賽車是一樣的。無論車有多好，如果駕駛員技術平平，誰還會把賭注下在他的車上？一提到不動產，人們總認為，成功的關鍵就在於不動產的地理位置，除了位置還是位置。但我不這麼認為。實際上，就所有的投資而言，不動產也好，投資公司也好，票據資產也好，成功的祕訣只有一個，那就是人、人、人。我曾見過占盡天時地利的不動產，到最後還是虧本賠錢的例子，這就是因為由不合適的人在處理交易。」

「所以你是說，如果一切準備就緒，我學習了投資知識，有了經驗紀錄，找到了好的投資專案、找到資金並不是一件非常困難的事。」

「那是我的體會。遺憾的是，很多時候，經常有一些不高明的投資者，把資金投注在投資高手已否定的專案上，結果就賠了錢。」

「所以才有了證券交易委員會，」我說，「它的職責是保護普通投資者的經濟利益。」

「沒錯。」富爸爸說，「投資者最基本的任務是確保他們的錢安全穩妥。第二步才是竭盡全力把錢轉變為現金流或資本收益。那個時候你才要關注你自己，或者你委託的經紀人是否能將證券轉為資產，還是會將證券變為負債。我再強調一下，投資本身並不存在安全性或具有風險，而是投資者本身具有安全性或具有風險。」

「這是投資的最後一條原則嗎？」我問。

「不，絕對不是。」富爸爸說，「投資這個課題，可以供你研究一生。你的投資基礎知識學得愈好，賺的錢就愈多，風險也就愈小。我還有一條基本原則要告訴你，就是第七條原則。」

基本原則之七：

「第七個原則是什麼？」

「對風險和回報的評估能力。」富爸爸說。

「為我舉個例子吧！」我要求道。

「就以你的兩個基本投資計畫為例。假設你的應急資金十分充足，你還有兩萬五千美元的資金投資。」

「我還真想現在就有兩萬五千美元呢，」我一本正經地說，「還是告訴我該怎麼樣評估風險和回報吧。」

「這兩萬五千美元，你或多或少還丟得起吧？一旦丟了它，你可能會有點傷心，但你照樣可以有吃有穿有車開，還可以再存兩萬五千美元。然後，你開始估算投資專案要冒多大的風險，又會有多少的回報。」

「我該怎麼做呢？」

「假設你有一個外甥想開一個賣漢堡的攤子。他需要兩萬五千美元起步。這是一項好的投資嗎？」

「從情理上來說，這可能是一筆好的投資，但從財務角度上看，也許不是。」我回答。

「為什麼不是？」富爸爸問。

「風險太大而回報太小了。」我說，「除此之外，你的本錢收得回來嗎？這種情況下，已不是投資回報的事，而是收回投資了。如你所說，確保資本的安全穩妥是最重要的。」

「很好。」富爸爸說，「但如果我告訴你，你外甥已在一家大的漢堡連鎖店工作了十五年，對這一行的各個系統的操作已瞭若指掌，現在他打算開一家自己的全球漢堡連鎖公司，你又認為怎樣呢？如果僅用這兩萬五千美元，你就能買到這個公司5％的股份，你會怎麼做呢？你會對這筆投資感興趣嗎？」

「會。」我說，「因為相同的風險，可以得到更多的回報。不過，這仍然是一樁高風險的專案。」

「對。」富爸爸說，「這個例子說明，投資者要對風險和回報做出正確的評估。」

「那人們如何評估類似的投機性投資呢？」我問道。

「問得好。」富爸爸說，「這就是富人式的投資，這種投資是按計畫進行的，是安全穩妥、舒適寬裕的。你現在要學的是富翁們投資時所用的技巧。」

「所以你一直反覆強調的是，投資本身並不冒險，只是由於有了那些缺乏足夠的投資技巧的投資者，才導致了投資的高風險。」

三個「E」

「是這樣的，」富爸爸說，「要達到富人的投資水平，投資者應具備以下三個『E』。」

1、教育（Education）

2、經驗（Experience）

3、多餘的現金（Excess cash）

「多餘的現金？」我很奇怪，「不是額外的現金嗎？」

「不是，我用多餘的現金這個詞，是因為投資於富人的投資專案需要多餘的現金，這意謂著你確實能承擔損失，並能從中獲利。」

「從損失中獲利？」我很詫異，「這是什麼意思？」

「我們分析一下，」富爸爸說，「在富人的投資裡，你會發現情況有所不同。在這一級別，損失、債務和支出都有好壞之分。要進入這個級別，你的投資知識要求很高，而且需要大量地累積投資經驗。」

「我明白一些了。」我回答。

富爸爸解釋說，如果投資不遵循「KISS」（Keep it simple, sweetheart 傻瓜財務原則）的公式，就有可能出現較高的風險。他說：「如果某個人向你解釋一個投資專案，只要他說明的時間超過兩分鐘，那麼不管你最後聽懂了還是沒聽懂、不管他講明白了還是沒講明白，或者你們倆都沒弄清這個問題，但只要出現上述情況之一，你最好放棄這項投資。」

他又說：「很多時候，人們總希望把投資變得複雜些，因此他們會用一些聽起來很唬人的行話術語。如果碰到這種情況，你應該請他們用簡明的詞語做出解釋。要是他們對一個投資概念解釋不清，無法讓連十歲左右的小孩都能明白大概情形的話，那麼存在的可能性就是他們自己也沒搞清這個概念。比如本益比就是要講股票有多貴。又如頂利率這個不動產專用名詞，是用來測算不動產給你帶來多少盈利或虧損的。」

「那麼如果一項投資無法化繁為簡的話，就不要去做它嗎？」我問。

「還不是那個意思，」富爸爸說，「很多時候，那些對投資不感興趣、抱有失敗情緒的人，總是說『人嘛，要知難而退，這才叫識時務者為俊傑』。我經常對這類人說『當你一生下來，父母就在克服各種困難努力工作並且無微不至地照顧你、培養你，甚至於上廁所這種小事，開頭都是很困難的。但現在，你應該學會自己照顧自己了，去分析什麼是真正的困難、什麼是透過努力可以達到的，自理是人的基本能力』。」

意向測試

我常發現，太多的人在還沒有雄厚的資金當作後盾時，就急著以富人的水準來投資了。許多時候，人們想以富人的水準投資，這是因為他們受盡經濟拮据之苦、他們渴望金錢。很顯然，富爸爸和我都不贊成這種作法，除非你現在已經很有錢了。

另一些人則相對幸運，他們的「舒適寬裕」計畫已經實現了，過剩的現金讓他們過足了富翁癮。但他們沒有以富人的方式思考，因此，他們仍然是窮人，他們是有錢的窮人。

所以意向測試的問題是：

如果你打算以富人的方式投資，或是有此投資傾向，你願意獲得富爸爸所說的三個「E」嗎？

它們是：

A、教育（Education）

B、經驗（Experience）

C、多餘的現金（Excess cash）

願意□　不願意□

如果你的答案是「不願意」，那麼這本書後面的部分對你而言也沒有太多的價值，我也不必再苦口婆心地為你提出投資的建議了，因為我要寫的正是關於富爸爸的投資。

如果你對投資知識、投資經驗及由此帶來的充足的現金還有所置疑、有所好奇的話，那就請繼續往下讀。如果你以前沒有這三個「E」的概念，那麼讀完全書後，你就能決定要不要選擇這三個「E」了。

按照這個方法，你會發現，你的計畫目標會由安全穩妥、寬裕舒適逐漸上升到更高的層次。就好像一個跳高運動員或一個撐竿跳高者，當他們跳過一個高度後，將面臨更高的挑戰。同樣，當你實現了財務上的安全穩妥和生活上的寬裕舒適時，你的目標也將不斷升級、不斷上調，你的目標將是如何變得富有。

就如富爸爸所言：「你可以用一生的時間學習投資的基本知識。」他的意思是，「『投資』乍聽之下很複雜，但只要你開始學習、開始投資，慢慢地它就會變得簡單。投資愈簡單化，你學的基礎知識愈多，你就會愈富有，同時冒的風險就會愈小。不過，對大多數人而言，最大的難題還是投資時間。」

第十五章 投資第十五課：用財務知識減小風險

那是一九七四年的初春，還有幾個月的時間，我就要退役了。我真不知道一旦離開軍營，我還能做些什麼。當時，尼克森總統正處於「水門事件」的困擾中，他即將接受法庭的審理。同他相比，我的擔心和焦慮就算不了什麼了。眾所周知，越南戰爭結束，我們以失敗告終。退役在即，我仍然留著軍人的短髮，並故意拖延退伍時間，外面的世界是一個充滿嬉皮長髮的世界。我開始想像我留著披肩長髮的樣子。自從一九六五年進入軍校起，我就留著士兵髮型。但是到了一九七三年，短髮已是不合時宜了。

在過去的四天裡，股市行情不斷下跌，人們心中都忐忑不安。連空軍基地隨時待命的飛行員中買了股票的，也被弄得心神不寧。其中一人拋出了他所有的股票，口袋裡裝著現金，退出了股市。那時，我還沒有買股票，所以，對股市上漲下跌給人們帶來意想不到的種種悲歡，我只是在一旁關注著。

富爸爸和我在他最喜歡的海濱飯店裡共進午餐。他仍然快樂如昔，股市還在下跌，但他卻賺了更多的錢。人人都在緊張焦慮，連電臺的股市評論員也不例外，只有他依舊心平氣和、談笑風生，我感到很奇怪。

「怎麼我身邊的股民們個個憂心忡忡，而你卻依然滿面春風，這是怎麼回事？」

「這個問題我們早就談過了。」富爸爸說，「我說過投資者的基本原則之一，是要未雨綢繆，要提前為將來發生的任何事做好準備，而不是試圖預測可能會發生什麼事情。雖然很多人聲稱他們能夠預測市場行情，但我對此表示懷疑。對未來而言，預測一次、兩次是可能的，但從沒有哪個人能對市場行情連續三次做出成功預測。如果有這種人的話，那他一定有帶魔法的水晶球。」

「可是，投資難道真的不危險嗎？」

「是的，不危險。」富爸爸說。

「我和很多人談話，他們都認為投資很冒險，所以他們要不是把錢存入銀行，就是購買金融市場基金，再不然就是購買大額存單。」

「他們會這麼做的，」富爸爸頓了頓，又說，「對大多數人而言，投資是很冒險的，但要記住有風險的不是投資本身，而是投資者。許多自稱為投資者的人，其實並不是真正的投資者。實際上，他們是投機商、生意人，說得難聽點，叫賭徒，這些人與真正的投資者相比，有著明顯的區別。但你不要誤解我的意思，現實中確實也有財務上實力雄厚的投機商、生意人和賭徒。但他們不屬於我說的投資者這個範疇。」

「那麼，一個投資者怎樣做才能不冒險呢？」我問。

「問得好！」富爸爸說，「不過，像這樣問會更好，我要如何才能成為一個既能賺大錢、又能少擔風險的投資者？而且也能牢牢留住賺到的錢？」

「對，這的確是個更具體的問題。」我說。

「我的答案相同。那就是讓事物變得簡單化、懂得做事的基本原則。首先擬定你的安全和舒適的投資計畫，然後把這些計畫交給有能力的人去做，讓他們照現成的程式按部就班。最後，你就得為你變成賺錢多而風險少的投資者付出代價了。」

「什麼代價？」我問。

「時間。」富爸爸說，「時間是你最有價值的資產。如果你不願意付出時間，那麼就把你的投資資金交給能夠按你的計畫行事的人好了。許多人夢想成為百萬富翁，但卻不願意付出時間。」

我知道富爸爸又在為我的新的一課做思想鋪路了，可是現在我很想馬上進入投資實踐。我真想馬上按照他的投資公式來學習如何投資。然而他還在試探我，看我有沒有投入精力和時間去學習投資的決心。因此，我提高聲音讓桌旁的人聽清我的話：「我想學習投資。我願意付出時間、願意學習。我不會中途放棄的，你不會白費時間教我的。請告訴我，如何才能成為一名風險少、賺錢多的成功投資者。」

「好極了。」富爸爸說，「我一直在等你表態。今天早晨，看到你因市場蕭條而愁眉不展，我還替你擔心呢。如果股市的漲跌會左右你的生活，你就不是一個投資者。首先，你必須做一個懂得自我控制的投資者。如果做不到這一點，股市的變化就會駕馭你，總有一天你就會在股海的浮沉裡迷失方向。人們當不好投資者，首要原因就是缺乏對自我和感情的控制。安全穩妥、舒適寬裕這些觀念占據他們的大腦、靈魂，左右他們的世界觀，影響他們的一言一行。我說過，一個真正的投資者並不在乎市場的走向，真正的投資者在股市上漲下跌時都能賺錢。所以自我控制是最重要的控制原則，懂嗎？」

「懂了。」我欠了欠身子。過去，我是有那麼點窩囊，而且過於焦慮。然而幸運的是，我已跟從富爸爸學習多年，在此期間，我漸漸明白了他對我的期望，學海無涯，我的投資課才剛剛開始。

富爸爸滔滔不絕地說著，「如果你想以最小的投資風險換取最大的回報，就得付出代價，包括大量的學習，例如學習商業基礎知識等。此外，要成為富有的投資者，你首先得成為一個好的企業主，或者學會以企業主的方式進行思考。在股市中，投資者都希望在興旺發達的公司裡入股。如果你具備企業主的素質，就可以創建自己的公司，或者像我一樣，能夠分析其他公司的情況。但問題在於，學校把多數人培養成了雇員或自由職業者，他們不具備企業主的素質和能力。正因如此，非常富有的投資者才變得屈指可數。」

「這也是人們認為投資有風險的原因。」

「對，」富爸爸邊說邊掏出他的本子，「這是最基本的投資。圖上的這個基本模式是我和許多掌握了鉅額資產的投資者所共同遵循的。」

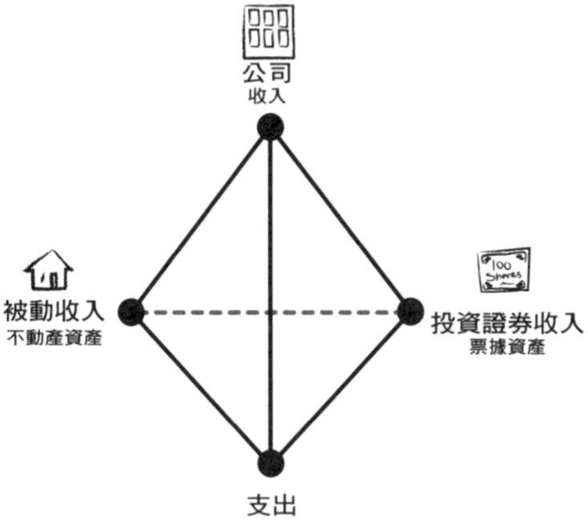

「在投資領域中，你可以選擇三種基本的資產類型當作目標，即我們已經學過的工資收入、被動收入和投資證券收入的概念。然而鉅富者和一般富有者之間的巨大差異，可以從上圖的四面體中看出來。」

「你認為創建公司就是投資，對嗎？」我問。

「如果你想變成一個富有的投資者，那麼創建一家公司可能是所有投資形式中最好的一種。富翁中約有80％的人就是透過創建公司起家的。很多人為這些創建企業或投資於企業的人打工，然後驚異於雇主的鉅額財富。究其原因，那就是企業主把錢變作資產。」

「你是說，在企業所有者眼中，資產比金錢更有價值對嗎？」我問。

「那是這幅圖所表示的一個意思，因為投資者所要做的，正是把時間、投資知識、技能及錢花在可變為資產的證券上。就好像你投資一項不動產，比如出租房，或者買股票一樣，企業主則通過雇用你，來建立企業這項資產。窮人和中產階級為了生計和金錢苦苦掙扎的主要原因，就在於他們認為金錢比資產更具有價值。」

「窮人和中產階級看重金錢，但富人更看重資產，是這樣嗎？」

「不完全是。」富爸爸說，「要記住格雷欣法則（Gresham's Law）。」

「格雷欣法則？」我很詫異，「我怎麼從沒聽說過？格雷欣法則是怎麼回事？」

「格雷欣法則是一條經濟法則，也稱劣幣驅逐良幣法則。」

「劣幣、良幣？錢還分好壞嗎？」我不解地問道。

「讓我解釋一下。」富爸爸說，「自從人類給金錢以一定的幣值時起，格雷欣法則就起作用了。追溯到古羅馬時代，人們就習慣從金銀錢幣上切下一角，這就意謂著在貨幣充當買賣媒介時，貨幣的價值含量就減小了。古羅馬人不是傻瓜，他們很快就覺察到貨幣愈變愈輕。當他們知道貨幣減輕的真相時，就把足值的金銀貨幣積存起來，專門用那些不足值的貨幣。這個例子說明：壞錢把好錢從流通領域中排擠出去了。

「為控制此一現象的蔓延，政府發行了帶鋸齒貨幣，足值貨幣的邊緣都有細小的溝槽。如果貨幣邊緣的溝槽被挫平，人們就知道這枚貨幣被動過手腳。聽起來很好笑，往往正是政府在貨幣上做手腳。」

「但這是古羅馬時代的事情，這個法則在今天還有什麼用呢？」

「一九六五年，距離今天不到十年的時間，美國政府不再發行銀幣，就是『格雷欣法則』起了作用。換言之，政府開始發行壞錢，也就是沒有真正價值的貨幣。人們立刻開始收藏銀幣，買東西的時候，就用那些價值變低了的貨幣。」

「這就是說，人們都知道政府發行的貨幣的價值降低了。」我應道。

「看起來是這樣的。」富爸爸說，「我想這也是人們不太存錢、反而花錢更多的原因。遺憾的是，窮人和中產階級總是買一些不值錢的東西，他們白白糟蹋了錢。與此同時，富人用錢買公司、股票和不動產。他們總在貨幣減值時，尋找更為安全穩妥的證券。所以我一直對你和邁克說，『富人不為錢工作』。如果你想成為富翁，就要知道好錢與壞錢、資產和負債之間的區別。」

「還有好的證券和壞的證券。」我補充說。

富爸爸點點頭，「所以我總是對你說『富人不為錢工作』，那是因為富人很聰明，他們知道錢幣本身的價值在不斷減小，如果你為壞錢拚命工作，而且不知道資產與負債、好證券與壞證券之間的差別，那麼這一輩子你都別想變富，很多工作最賣命卻得到報酬最少的人，總是在遭受貨幣貶值之苦，我也很同情他們，但有什麼辦法呢？由於錢的價值逐日減少，所以每一個有經濟頭腦的人都會不斷尋找具有真正價值的，能帶來更多錢的東西。如果不這樣做的話，你永遠都會在經濟上處於落後地位，而不是走在前面。」

然後，富爸爸指著本子上畫出的草圖。

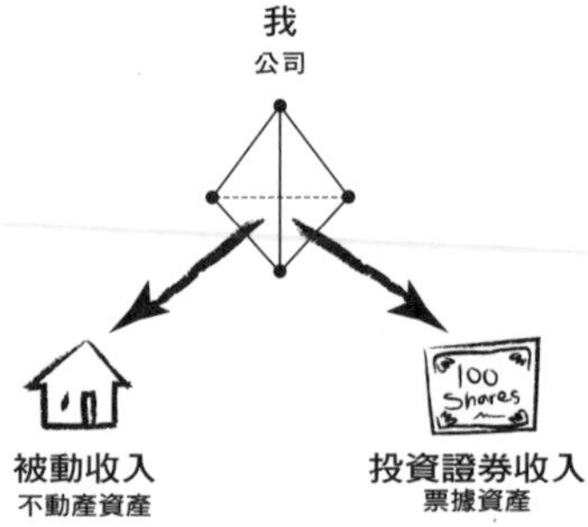

「現在，我的財務狀況比你父親的財務狀況安全穩妥得多，因為我一直在努力尋求這三種類型的基本資產或證券。而你父親只是為工資收入而工作。他辛苦工作的目標就是這樣的：

接著富爸爸劃掉了就業保障。

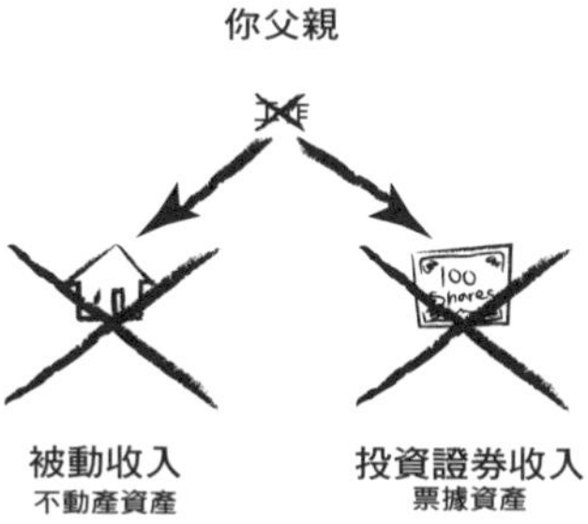

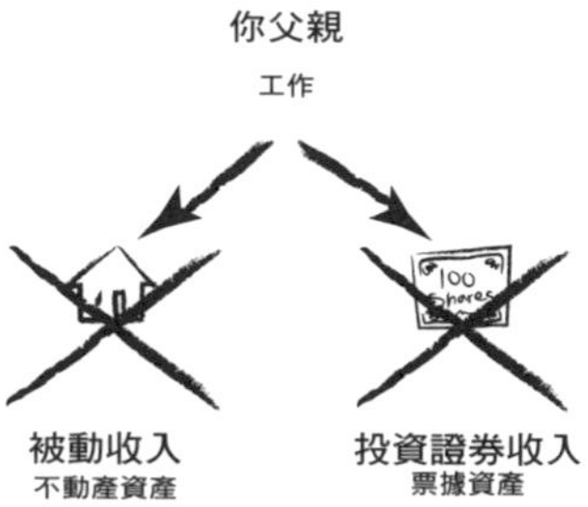

「因此當他失業時，他會發現辛勤工作換來的竟是一無所有。最糟糕的是，他曾經獲得了成功，努力工作一直升到了州教育系統的最高峰，又從顛峰上跌了下來，離他而去的還有州政府提供的就業保障。我不是沒有勸過他，但對一個固守自己價值觀念不願改變的人來說，你講什麼，他都聽不進去。他又忙著去找另一份工作了，而不願意反思一下，工作能帶給他想要的東西嗎？」

「是啊！他一直依賴著職業保障和虛擬的資產，並且，他始終沒能把工資收入轉化為真正的資產，因此，他也無法取得那些富人的收入，即被動收入或證券收入。」我感歎道，「他應該在工作時，把工資收入變為真正的證券。」

「你父親很勇敢，又受過高等教育，但他不懂理財知識，所以才會落到今天這個地步。如果他很富有，就能以戰略性的投資來影響整個教育系統。但他又沒有錢，唯一能做的就是抗議和挑戰政府。挑戰很有效，但也會導致政府中守舊派的不滿和反對。你只要看看有多少人反對停止越戰就明白了。」

「可笑的是，他反對政府中的金錢政治現象。」我說，「但他也看到了有錢人可以左右政治及富人們得到的各種好處，他也知道法律都是為維護富人的利益而制定的。我父親看到金錢侵入政治中，所以他去競選副州長，想上任後好好整治這股不正之風。可是他卻因此丟了飯碗，這也使他明白了，法律總是偏愛富人的。」

「這是關於金錢的另外的話題了，不是我們今天要談的了。」富爸爸說。

為什麼投資不冒險

「我已經決定了。」我說，「我不去當飛行員了。我要像你說的那樣，先找一家能為我提供推銷培訓的公司，我必須戰勝擔心被別人拒絕的恐懼，並且學會怎樣推銷、怎樣和別人溝通。」

「很好。」富爸爸說，「IBM和全錄Xerox都為員工提供非常好的銷售培訓。如果你想成為B象限的人，就必須在了解市場的同時懂得如何銷售。你要學會做『厚臉皮』，不要介意別人對你說『不』。而且你也要能夠用恰當的方法盡力改變他們的想法。要想成為富人，尤其是B和I象限的人，學會推銷是很必要的，這是你的基本技能。」

「可是我還有一個關鍵的問題。」我說。

「說吧。」富爸爸說。

「別人都說投資要冒風險，你為什麼不這麼認為呢？」

「很簡單，」富爸爸說，「我可以讀財務報表而大多數人都看不懂。你記不記得幾年前我說過，你父親有學問卻不懂得理財知識？」

我點點頭，「你經常這樣說。」

「如果你想成為安全的投資者、內部投資者和富有的投資者，理財知識是所有投資基礎知識中最重要的一部分。那些不懂理財知識的人無法看到投資專案的真實情況，而掌握理財知識的人就不同了，就像醫生能用X光線看你的骨骼系統一樣，在分析投資時，透過財務報表，你能看到隱藏在內部的真實情況，從中辨別假相，你就可以看到機會、評估風險。看公司或個人的財務報表，就像讀傳記或自傳體小說，你能從中得到很多東西。」

「那麼人們之所以認為投資是在冒險的原因之一，就是他們不會看財務報表嗎？」我驚奇地問，「你在我和邁克九歲時開始教我們讀財務報表，就是出於這個原因，對嗎？」

「你記不記得，九歲時你曾告訴我，你想成為富翁。當我聽到你的話時，就告訴你一些基本原則：

·不要為錢工作，

·學會發掘投資機會而不是去找一份工作，

·學會看財務報表。

大多數人畢業了就去找工作，卻沒有找機會；他們只知道為工資收入而賣力工作，卻不知道為被動收入和證券收入而努力；更多的人連記帳都不會，更別提讀寫財務報表了。所以也難怪他們會認為投資是去冒險。」

富爸爸又掏出他的本子，畫出下面這幅圖。

「每家公司都有它的財務報表，一份股票證書是一份財務報表的反映，每一項不動產有一份財務報表，就連我們每個人也都有一份私人財務報表。」富爸爸說。

「每一張證券？每一個人都有財務報表？」我問道，「也包括我父母嗎？」

「當然，」富爸爸說，「所有的一切，公司也好，不動產也好，人也好，只要涉及錢這個問題，就必然有收益表和資產負債表，無論他們有沒有意識到它們的存在。不重視財務報表作用的人往往錢很少、財務問題很大。」

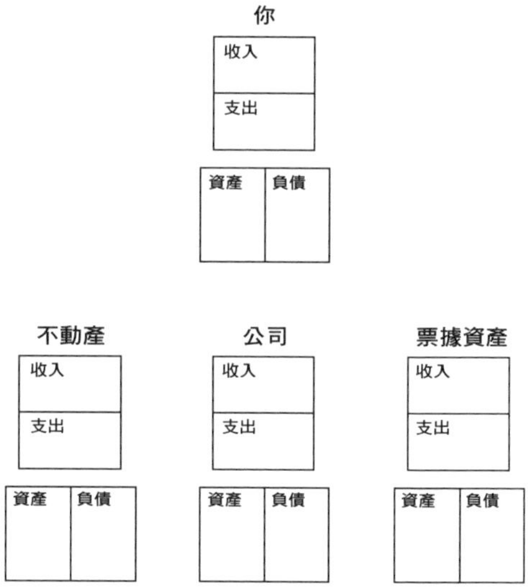

「你是指我父親這一類型的人嗎？」我問。

「很遺憾，是的。」富爸爸說，「不知道資產和負債的區別，不知道可以從被動收入和證券收入中取得收入，也不知道這些收入怎麼來的，以及它們怎樣體現在財務報表上，這些你父親都不重視，這是一個多麼大的損失和疏忽呀！」

「因此，當分析一個公司的情況時，不應只看當日該公司的股票價格，而應看它的財務報表，對嗎？」我盡量避開談論我父親。

「沒錯，你說的極對，」富爸爸說，「這被稱為基礎型基本投資。理財知識是基礎型投資的基礎。當我看公司的財務報表時，就等於弄清了它的內部情況。透過財務報表，我就能判斷公司的基礎是好是弱，就會知道它是會蒸蒸日上或是會不斷衰落；我還能說出它的管理系統是在有效運作，或是在浪費資金。對於住宅建築和辦公樓專案，以上方法也同樣適合。」

「所以，藉由財務報表，你能告訴自己投資是安全的，還是冒險的。」我加了一句。

「對，」富爸爸說，「個人的、公司的或不動產的財務報表，告訴你的不僅僅是這些東西。不過，瀏覽財務報表要做好三件事。」

「哪三件？」

「首先，財務常識會告訴我們哪些是重要的。我會認真閱讀每一行，並考慮哪些是沒做好的，或者是我還能做點什麼，以此來完善公司業務，使情況好轉。許多投資者是看公司股票價格和股票的本益比。股票的本益比是外部投資者的指標，內部投資者需要其他的指標，這方面我會教你的。了解那些指標是保證安全投資的重要部分，能夠確保公司的正常運行。如果你不懂理財知識，就無法辨識這些不同點。當然，你就會覺得投資是在冒險。」

「第二件事是什麼？」我問。

「第二件事就是，當我看投資時，要把它和我個人的財務報表加以對照，看看是否合適。我說過，投資是個計畫。我需要了解公司、股票、共同基金、債券或不動產的財務報表，會給我的私人財務報表帶來什麼樣的影響。我想知道這筆投資能不能讓我得到我想要的。我還能通過分析，知道自己是否有能力進行這項投資。通過了解金額與數字所代表意義，我能推測出如果我借錢投資後會發生什麼樣的事情，以及由債務引起的對收支平衡的遠期影響。」

「那麼第三件事？」

「我想知道這筆投資是否安全，會不會為我賺錢。我能在短時間內迅速判斷出這筆投資是賺錢還是虧本。要是它不能為我賺錢，或者我找不到能賺錢的理由，那我為什麼要投資呢？那樣做就會很冒險。」

「如此說來，如果你賺不了錢，就不投資了嗎？」我問。

「多數情況下是這樣的，」富爸爸說，「但是聽時容易做時難，當我看到那些自稱投資者的人虧本或無法賺錢時，都會使我感到震動。許多投資不動產的人每個月都要虧本，但他們說『政府會對我的損失予以免稅補償』，我就會說『這就像你丟了一美元，政府會還給你三十美分』。一些商業鉅子和投資高手知道，該如何利用政策為自己謀利，但真正做到的人卻寥寥無幾。為什麼不在賺一美元的同時，從政府那兒再得到三十美分的額外好處呢？這才是真正投資者要做的事情。」

「人們真是那樣的嗎？他們虧了本，竟然還以為是在投資嗎？」

「關於這個問題，他們認為丟錢但享受稅收優惠是個很好的辦法。你知道找一個讓人虧本的投資專案有多容易嗎？」富爸爸問。

「我想應該很容易吧，」我說，「世界上不能賺錢的股票、共同基金、不動產和公司應該多如牛毛。」

「真正的投資者一開始就想到賺錢，隨後就思忖著從政府那兒得到額外的利益。因此，真正投資者既要一美元，也要政府給的三十美分。外行投資者丟了一美元，卻在為從稅收減免中得到的三十美分興奮不已。」

「這僅僅是因為他們不會讀財務報表嗎？」我問。

「讀財務報表是一種基本技能。在富人的投資水準上，財務知識是投資者必不可少的基礎。另一個原則是投資一定要賺錢。千萬不能帶著丟錢卻享受稅收減免的觀念進行投資。你投資只為一個目的，那就是賺錢。如果投資是為了丟錢的話，那麼風險就太大了。」

你的紀錄卡

當我們即將結束一天的課程時，富爸爸說：「現在，你明白為什麼我經常讓你做個人財務報表了吧？」

我點頭說：「還明白了為什麼要分析公司和不動產投資的財務報表。你還總要我思考財務報表的內容，現在，我完全明白這樣做的原因了。」

「你上學時，每一季都有一張紀錄卡。畢業後，你的紀錄卡就是你的財務報表。問題是：因為大部分人不知道如何看財務報表，也不知道該怎樣寫，所以一旦從學校畢業了，他們就不知道該怎麼辦了。許多人對自己的財務報表一無所知，卻自我感覺良好，因為他們有一份好工作和一個溫馨的家。遺憾的是，按我的成功級別評分，那些四十五歲還沒有實現經濟獨立的人，只能算是不及格。我不是有意讓他們難過，只是想喚醒他們的意識，在他們耗盡最有價值的資產——時間之前，快去做一些不同的事。」

「所以你透過看財務報表達到減小風險的目的，」我說，「而且在投資前，每個人首先應該掌握個人財務報表。」

「對。」富爸爸說，「我一直強調自我控制的過程，這種控制對你的財務報表也同樣適用。很多人想投資，但他們負債累累。很多人想投資是為了賺錢，一旦希望成為現實，就能還債、買大一點的房子、買新車，這些都是傻瓜的投資計畫。你應該只為一個原因投資，就是得到一份資產，並用它將工資收入轉化為被動收入或證券收入。這種收入形式上的轉化，正是真正投資者追求的基本目標。要達到這個目的，絕不像結算財單那麼簡單，投資者必須具備更深層次的財務知識。」

「所以你不在乎股票或不動產的價格變化，你更關注把握運作的基礎，你能在財務報表中了解的基礎，對嗎？」我問。

「對。」富爸爸說，「所以看到你為股市價格下跌而焦慮時，我很擔心。雖然價格很重要，但它不是基本投資行為中最重要的。價格與技術投資掛鉤，不過技術投資又是另一個課題。現在你明白了，為什麼我讓你讀個人財務報表，並且分析企業和不動產投資的原因了吧。」

我點點頭，「以前我討厭這麼做，但現在要謝謝您。我明白了，要多思考財務報表的內容，並借助它來分析事物的深層實質，藉由它找到一項最能讓我獲利的投資。我沒有想到大多數人都不會利用這種簡單有效的思考工具。」

一張魔毯

「你已經在遊戲中展露頭角了，」富爸爸說，「這是一場致富的遊戲。損益表和資產負債表是兩張最主要的財務報表，我把這兩張財務報表叫作『魔毯』。」

「為什麼你把它叫做魔毯呢？」我問。

「因為這兩張財務報表能帶你看到世界上任何一家公司、任何一項不動產和任何一個國家表象後面的東西。就好像潛水時戴上潛水鏡，你就能看清潛藏於水下面的東西。財務報表就是潛水鏡，有了它，你就能洞悉現象掩蓋下的真實狀況。或者說，財務報表就像超人的X光眼，借助一個有理財知識的人，能透過建築物的混凝土牆直接看到它的內部結構，而不用進入到內部。

「我稱這兩張報表為魔毯的另一個原因是，它讓你隨心所欲地看到並得到在世界任何地方你想要的一些東西，而且做這些事的同時，你甚至不用離開辦公桌。具備了這樣的知識和洞察力，對世界任何一個角落，即使是家中的後院，你都可以進行投資。你能不斷增加理財知識，最終能減小投資風險，並增加投資回報。

「通過財務報表，我能看到一般投資者看不到的東西，同時，我還能掌握控制自己的經濟狀況，達到我人生中理想的彼岸。掌握財務報表還能讓我在離開公司的時間裡，繼續掌握各項業務的運轉情況。真正弄清了財務報表，一個S象限的人就能變為B象限的一分子，在這個轉變過程中，財務報表是必不可缺的一環。正因為如此，我才把財務報表稱為魔毯。」

意向測試

假設我們要買一輛二手車，我們就會請機械師和電機師進行仔細檢查，以確定是否值這個要價。

如果買房子的話，在付款前，我們會讓房屋檢查員瀏覽清單，並檢查基礎設施的狀況、管道、水電、屋頂等等。

如果論及婚嫁，我們都要看看對方的漂亮的面孔下隱藏著什麼，以此來決定他或她是不是那個能與自己共度一生的人。

但是，投資時，許多人從不研究投資物件的財務報表。大部分投資者不是盲目追隨市場的勢頭，就是按市場行情來決定價高或價低。儘管有些人每年都要對自己的汽車進行檢修或做年度保養，但很少有人分析自己的財務報表，從中找到財務上的不足或潛在的問題。究其原因，就是人們在從學校畢業後，根本沒有意識到財務報表的重要性，更別提掌握控制它了。

怪不得有那麼多人感歎投資要冒險，其實投資本身是沒有風險的。但是如果沒有理財知識，那就另當別論了。

如何瞄準投資機會

如果你打算通過投資致富的話，那麼僅僅熟悉財務報表是遠遠不夠的。但財務報表可以提高你自身投資的安全係數，還可以使你在更短的時間內賺到更多的錢。

我這麼說是因為分析財務報表能使你瞄準投資機會，而這些機會正巧是一般投資者不易看到的。一般投資者把價格的高低起伏看成買賣的時機。而投資高手會訓練大腦對價格起伏以外的商機，做出更敏銳的反應。因為他們知道，不經訓練的眼睛，是無法捕捉到最佳時機的。

富爸爸教導我，做為一個投資者，如果你想賺更多的錢，就必須熟悉理財知識，同時要能洞察投資內部的虛實之處。

他說：「絕佳的投資機會來自於對會計、稅法、商法和公司法的認識和理解，正是在這些無形的領域中，真正的投資者能夠獵取到最大的投資專案，所以，我把損益表和資產負債表稱為魔毯。」

意向測試的問題是：

如果你想通過投資致富，並且以富人的水準進行投資，那麼你願意隨時擁有最新的個人財務報表，並經常練習分析其他公司的財務報表嗎？

願意□　不願意□

第十六章　投資第十六課：理財知識使事情簡單化

富爸爸常對我說：「你父親會陷入經濟困境是因為他雖然有文化知識，但缺乏財務知識。假使他肯花點精力學習閱讀數位和金錢語言，他的生活就會發生很大的變化。」

財務知識是《富爸爸，窮爸爸》一書中所介紹的六節課裡的一課。對富爸爸而言，財務知識對於那些真心想成為商人和投資家的人來說相當重要。我對財務知識先做一番回顧，用富爸爸教我時那般淺顯易懂的方式說明給各位聽。

基本原則

一位智謀型投資者應能看懂多種不同類型的財務資料，而所有財務資料的核心就是損益表和資產負債表。

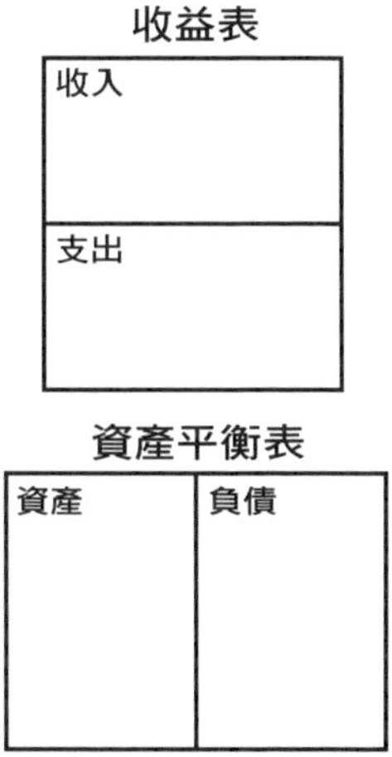

我不是會計師，但我上過幾門財會方面的課程。在這些課程中，我都驚訝地發現，老師們往往只是孤立地講某一種報表，而不講兩種報表之間的關係。也就是說，老師們從不解釋為什麼一種報表對另一種報表是重要的。

富爸爸則認為，弄清損益表和資產負債表之間的關係，就是掌握理財技巧的關鍵。他說：「沒有另外一張報表，你怎能理解這一張？脫離了收入和支出欄位，你又怎麼能辨別出什麼是資產、什麼為債務？」

他會繼續說：「一樣東西僅僅是因為它列在資產項，並不能斷定它就是資產。」我認為富爸爸的這一見解極為精闢。他接著說，「為什麼很多人在財務上痛苦掙扎，原因就在於他們一味地負債，並且把債務錯誤地列於他們的資產項下。也是因為這個原因，很多人把他們的房子看作是自己的資產，而房子在更多時候恰恰是一種負債。」如果你對「格雷欣法則」有所了解，你就會明白為什麼表面上看起來如此微小的疏忽，卻有可能導致你一生的財務困窘，而不能終身享受財務自由。他這樣說：「倘若你想讓你的財富能夠延續幾代，那麼你和你愛的人就必須明白，資產和負債之間的區別。你要清楚哪些是有價值的東西、哪些對你是毫無價值的東西。」

《富爸爸，窮爸爸》一書出版後，很多讀者疑惑：「作者是在叫我們不要買房子嗎？」答案當然是否定的。富爸爸的目的是強調財務知識的重要性。他指出：「即使你有了房子，也不能把它當成資產，因為它確實是一種負債。」讀者們最疑惑的問題是，「如果你已償還了購房貸款，是不是說明房子就成為資產了？」在多數情況下，對這個問題的答案依舊是否定的，雖然你在房子上不再負債，但並不意謂它就變成了資產，你可以在「現金流」這個概念中找到原因。因為對於多數私人住宅來說，即使已沒有負債，但他們還需要付財產稅。事實上，你絕不可能在真正意義上擁有屬於自己的不動產，因為不動產永遠都屬於政府。所以我們用real「真正的」（西班牙語裡是「皇家的」意思），而不是「物質的」或「有形」資產的意思。過去不動產所有權歸皇家所有，現在歸政府所有。如果你對此有所懷疑，你不妨停止去付財產稅，不管你抵押了或沒抵押，到時候你就會看到不動產權歸誰所有了。稅務扣押證書就源於此。在《富爸爸，窮爸爸》一書裡，我提到過投資者從稅務扣押證書裡獲取高額利潤。課稅扣押是政府的說法，對此政府的解釋是「你可以支配你的不動產，但政府將擁有其終身所有權」。

實際上，富爸爸非常贊成擁有一棟房子，他認為房子是投資金錢的好去處，但它不見得是資產。事實上，一旦你獲得了足夠的不動產，你自然就會住在一所大豪宅裡。正是那些不動產帶來了現金流，允許人們去買他們自己的大豪宅。他指出，一個人不應該把負債看作是資產，或者去購買他們認為是資產的負債。他說這是人們可能會犯下的一個普遍性的大錯誤。他認為，如果什麼東西屬於負債的範疇，你最好叫它負債，並且謹慎地對待它。

現金流──一個神奇的字眼

對富爸爸而言，在商業和投資中最重要的一個辭彙就是「現金流」。他認為，對於投資者和商人來說，必須要密切關注現金流的微妙走向，就像一個漁夫必須要關注潮起潮落一樣。人們之所以陷入財務困境，是因為他們對現金流向駕馭不當。

兒童也需要財務知識

富爸爸或許並沒有接受過正規的教育，但他知道如何把複雜的事物簡單化，簡單到足以使一個九歲的孩子都能明白。因為我在那個年紀時，他就開始向我講解複雜的財務知識了。我得承認當時對富爸爸為我畫的簡易圖，我也只是了解而已，但他淺顯易懂的講解，卻使我對錢及錢的流動有了更深的了解。他不斷給我灌輸的財務知識，引導著我去尋求一種財務安全的生活。

如今，我的會計師們辛勤工作著，我依然繼續沿用富爸爸畫的淺顯易懂圖表，做為我專業的嚮導。所以，如果你能看懂下面的圖表，你就會抓住更好的機遇獲得更大的財富。把技術性的會計工作留給受過這方面工作培訓的會計師，而你的工作則是把握住你的財務資料，並引導它們為你增加財富。

富爸爸的基礎財務知識

財務知識第一課：一樣東西到底是資產或負債，是由當時的現金流向決定的。

換句話說，即使你的不動產經紀人認為它是資產，也並不意謂著它真的就是資產。

下圖是資產的現金流向圖。富爸爸是這樣給資產下定義的：能把錢放入你口袋裡的東西就是資產。

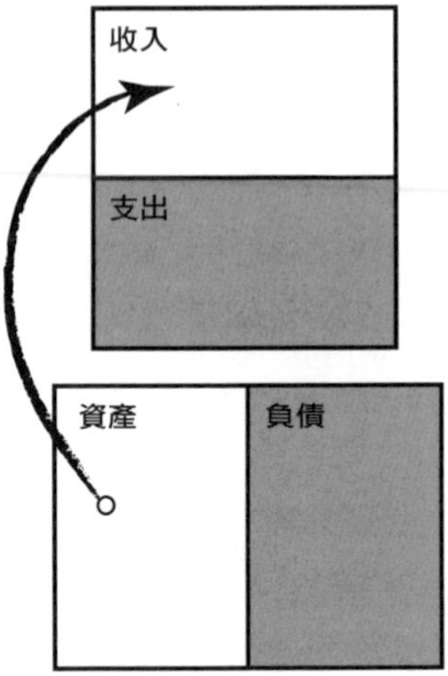

下圖則是一張負債的現金流向圖。富爸爸同樣也給負債下了一個定義：從你口袋裡拿走錢的東西就是負債。

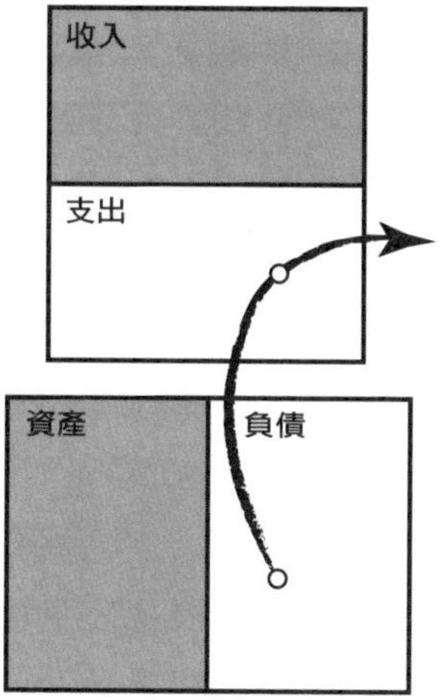

一個疑點

富爸爸曾對我說過：「人們之所以會產生疑惑，是因為當前通行的會計方法使我們把資產和負債都列於資產的名下。」

然後，他畫了一張圖對這句話做了一番解釋，接著說：「這就是人們產生疑惑的原因。」

他說：「根據圖上顯示，我們可以得知，為得到一份價值十萬美元的不動產，某人預付兩萬元現金，並取得八萬元的房屋抵押貸款。你如何判定這棟房子是資產還是負債？是不是因為它被列於資產項下，我們就可以把它稱為資產呢？」

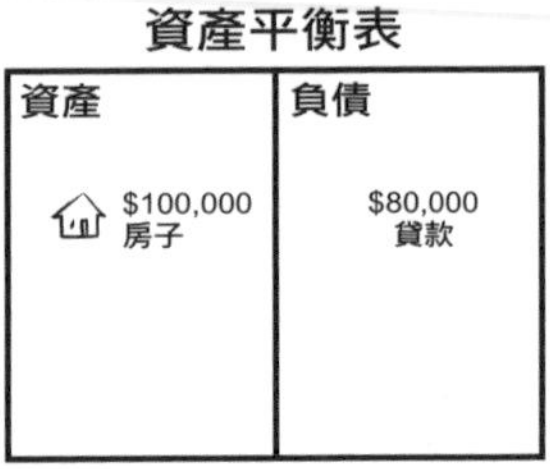

答案當然是否定的。如果你想得到真正的答案，就要求助於損益表。

接著，富爸爸又畫了一幅圖，說：「透過這幅圖，我們可以判定這所房子的確是負債，因為這個人在這棟房子上只有支出而沒有獲得任何的收入。」

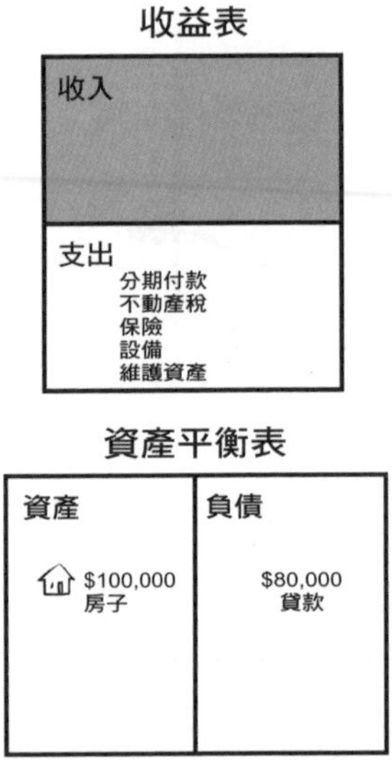

把負債轉化為資產

接著富爸爸在圖上加了一行字，然後說道：「出租不動產收入和出租不動產淨收入之間，其關鍵區別就在這個『淨』字上。財務報表上這樣一個變動就把房子由負債轉化成了資產。」

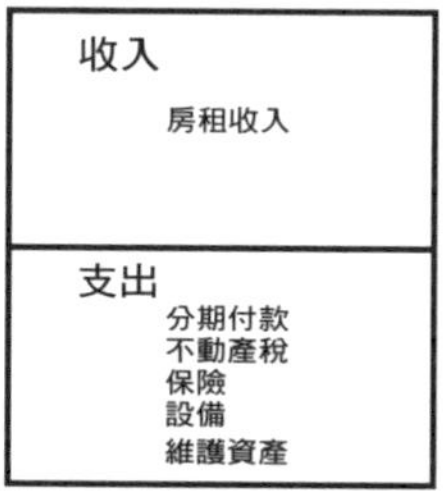

租金收入－支出＝淨出租收入

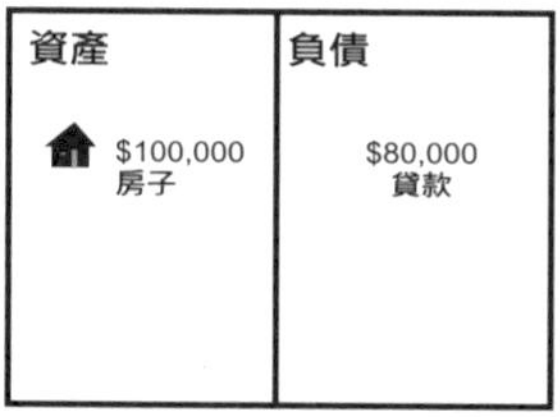

理解了這一概念之後，富爸爸又增加了一些資料，以便我明白得更透徹，「假設和房子有關的所有支出，包括抵押貸款、不動產稅、保險費、水電費及維修保養費，總計為一千美元，你的租戶每月支付你一千兩百美元的房租，那麼你現在每月就有兩百美元的淨出租財產收入。這就是資產，因為這棟房子正不斷地往你的錢包裡送錢。

「如果你的支出保持不變，月租金只收到八百元，你就會損失兩百美元，這時資產就變成了負債。因此，即使你有出租財產收入，你所認為的資產也依然可能是債務。

「也許有人會問，如果將來我把這棟房子高價出售，它是否會成為資產，這種情況可能會出現，但只會發生在將來的某個時候。其實不像人們普遍認為的那樣，房價偶爾也會下跌。有句話說得好，『小雞還沒有孵出之前是不能算數的』，這才是理財投資的明智之舉。」

政府修改法規

毫不誇張地說，自從一九八六年的「稅制改革法案」制定以來，不動產行業已經損失了好幾億。如此多的投機商們損失慘重，因為他們願意出高價購買不動產，並且他們錯誤地認為地價會一直上漲；即使不這樣，政府也會對他們的被動不動產損失進行稅收減免。換句話說，他們認為，政府會縮減出租財產收入和出租財產支出之間的差距。然而事實正像他們所看到的那樣，有人修改了法規。稅法修改後，股票市場下跌，銀行儲蓄和貸款被攪亂。一九八七年到一九九五年期間，財富發生了巨大的轉移。資產從位於S象限的人群，即高收入職業者，如醫生、律師、會計師、工程師及建築師等人群流向了I象限的投資者。只是一次稅法的修改，就造成了數以萬計的人離開不動產市場，轉而進入股票市場等證券資產市場。

財富從一個象限的轉移到另一個象限，有可能很快再次發生嗎？會是證券資產代替不動產嗎？只有時間才能告訴你答案，然而歷史常常會重演。當歷史重演的時候，就會有一些人損失，另一些人則會受益。

如今，在一些國家，政府法律仍舊允許投資者「消極地」對不動產進行投資。也就是說，政府鼓勵投資者在他們的不動產出租上損失一點錢，而投資者由此得到的好處是，有可能獲得政府給予的稅收減免權。美國直到一九八六年也在使用這樣的稅收政策。當我在這些國家談及投資時，提醒他們政府有可能會修改法律，就像美國政府所做的那樣，當時反對這個觀點的聲音不絕於耳。每當聽到一些諸如「政府不會修改法律」的輿論，我只能搖頭。他們只是沒看到法律更改後，美國數以萬計的投資者的痛苦，我有幾個朋友當時不得不宣告破產。他們為之辛苦奮鬥了幾年、甚至幾十年才獲得的財富，也隨之付諸東流。

我想問：為什麼要讓自己去冒這個險？為什麼不去尋找一個能為自己賺錢的投資專案？任何人都可以找到賠錢的資產或投資專案，要找到這樣的投資專案不必花費太大的力氣，也不必絞盡腦汁更不需要財務知識。我和富爸爸擔心人們這種「為了獲得稅收減免而甘願虧損」的觀念，會導致他們思想放鬆警惕。甚至在美國，我常聽到有人說：「虧損沒什麼大不了的，政府不是還減免了我的稅收嘛！」那只是意謂著你損失一美元，政府給你大概三十美分的補助（依各人所屬稅收等級而定）。對我而言，這不僅僅是金錢上的損失，更主要的是你投資策略上的損失。為什麼不讓投資專案為自己賺錢呢？這樣一來，收入、增值和稅收減免都保全了，豈不更是美哉？

要知道投資的目的是賺錢而不是虧損。假如你是一位資深的投資家，你同樣可以既賺了錢又享受了稅收減免。我的朋友邁克爾．泰拉里可是雪梨的不動產經紀人，他說：「每天都有人跑到我的不動產投資辦公室對我說：『我的會計師叫我來找一個消極投資專案，他叫我來買那種將會使我虧損的投資專案！』邁克爾就對他說：『如果你要找一個使你虧損的專案，你不需要我的幫助，因為你身邊就有很多這樣的專案。我所能幫你的是那種既能為你賺錢、又可以使你享受稅收減免的投資。』可是回答往往是『不，我要的是可以使我虧損的投資』。」一九八六年以前，這種情況同樣存在於美國。

從這個例子當中，我們可以吸取幾個重要的教訓：

1、那種為了獲得稅收減免而甘願虧損的意識，導致人們在選擇投資專案時草率從事。

2、有這種意識的人不會尋找真正的投資專案，在分析投資時，也就不會仔細研究財務報表。

3、投資虧損會使你的經濟情況不穩定，換言之，投資本身就有了很大的風險。為什麼要冒這麼大的風險呢？你本可以多花一點的時間，去尋找一些可靠的投資專案。如果你能看懂財務資料，相信你就會找到它們。

4、政府一定會修改法規。

5、今天是資產的東西，明天就有可能變成負債。

6、一九八六年在數以百萬計的人虧損的同時，也有其他一些投資者為迎接這個變化做好了準備。正是這些早有遠見的投資家，使那些毫無準備的人遭受了慘重損失。

最大的風險

富爸爸說：「最冒險的投資者是那些對自己的財務報表沒有控制力的人。其中最危險的，又是那些自認為擁有資產、其實卻是債務的人；取得收入時，還要支付更多的費用的人；以及其經濟來源主要靠勞力的人。說他們冒險是因為通常他們是不顧後果、孤注一擲的投資者。」

在我的投資課上，經常有人堅持說他們的房子是資產，並就這一問題和我爭論。最近，一個人說：「我買房子時用了五十萬美金，現在房子的價值已經漲到七十五萬美元。」我問他：「你怎麼知道的？」他的回答是，「我的不動產經紀人說的。」

我問他：「你的不動產經紀人能對這個價格向你保證二十年嗎？」

「為什麼不能？」他說，「他說這個價格是目前這個街區售房的平均價。」

這大概就是為什麼富爸爸說普通投資者不會賺大錢的原因。富爸爸說：「普通投資者往往有將還沒有孵出的小雞也計算在內的觀念。他們買入讓他們每月花錢的東西，然後主觀論斷它們為資產。他們指望他們的房子將來能升值，或者覺得他們的房子一定能按他們不動產經紀人所說的價格迅速售出。你曾經以低於經紀人告訴你的價格，或以低於銀行的估價出售過房屋嗎？我有過這樣的經歷。這種把經濟決策基於主觀推測或期望之上的行為，其結果必然是導致他們難以把握住自己的私人資產。我認為這樣做是太冒險了。如果你想富有，那麼你必須把握住你的現金流，並且充分利用你的財務知識。只要你現在能夠很好地控制你的財務狀況，那麼期望將來你的某種東西會升值，則是無可厚非的。」富爸爸說，「假如你有足夠把握確信房子會升值，那麼買十棟這樣的房子也未嘗不可呢。」

這種心理對這樣一些人也同樣適用，他們會說：「現在我的退休金帳戶已有一百萬美元，當我退休時會達到三百萬美元。」我會問他：「你怎麼知道的？」以富爸爸的經驗來看，普通投資者常常喜歡打如意算盤。他們行事孤注一擲，總是期待著好事不請自來。當然，如意算盤也有成功的時候，一夜之間成為暴發戶的人還是存在。然而，專業投資者並不想碰這個運氣。一個資深的投資者懂得，具備一定的財務處理能力會使你把握住今天，如果你不斷努力進取，將有助於你更好地把握明天。當然，投資也有失策的時候，有時，人們等來的郵輪竟會是鐵達尼號。

我碰到過不少初涉投資領域的投資者，他們從事投資事業的時間在二十年以下。這些投資者中的大多數還從未真正經歷過市場的衝擊、還未遇到過某種不動產資產的價值已跌破購買價值的狀況，而每個月他們還要為該不動產支付分期付款。正如我所料，這些投資新手滔滔不絕地大講工業指數，諸如「市場指數自一九七四年以來一直看好」，或「不動產投資在過去的二十年裡，每年平均提高超過4%」。

正如富爸爸所說：「指數是對普通投資者而言的。一個專業投資者需要做的是控制，這個控制是從你，從你的財務知識、資訊來源和你自己的現金流著手的。」富爸爸常告誡投資者，「不要做普通投資者」，對他而言，一個普通投資者等同於一個冒險的投資者。

人們為何不能控制自己的財務狀況

人們從學校畢業後，有可能不清楚如何平衡自己的收支，更不用說如何準備一份財務報表了，他們從未學習過如何控制自己的財務狀況。你若想知道人們是否能財務自控，只需看看他們的財務報表。僅僅擁有高收入的工作、豪宅和漂亮的汽車，不能說明他們能夠很好地控制自己的財務。若人們懂得一份財務報表是如何完成，以及如何去發揮其作用，那麼他們將更具經濟頭腦，更善於掌管自己的經濟。藉由對財務報表的了解，人們能更清楚地看到他們的現金是怎樣流動的。

例如，下面是開具一張支票的現金流圖式：

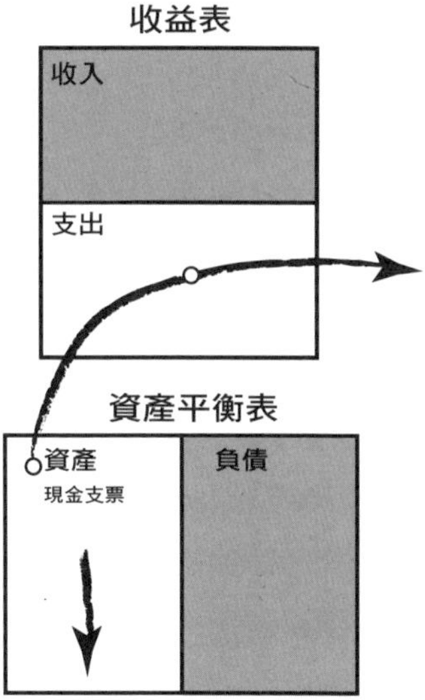

以下是使用一張信用卡的現金流圖式：

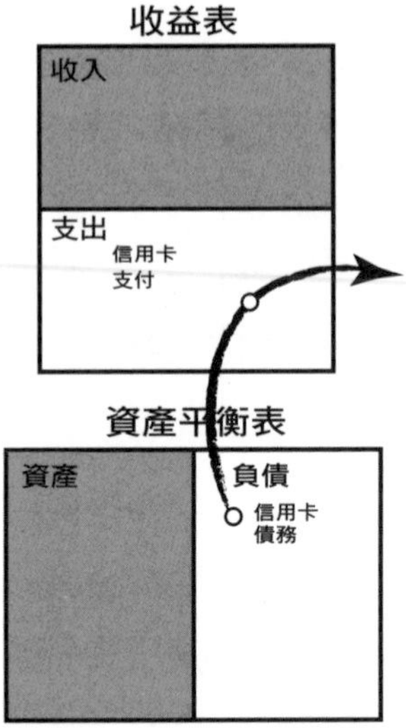

當人們開出支票時，他們正在減少自己的資產；而當人們使用信用卡時，他們正在增加自己的負債。換言之，信用卡能使你更容易逐漸地陷於債務當中。多數人並不明白這是怎麼一回事，就因為他們沒有接受過如何填寫或分析一份個人財務報表的訓練。

今天，許多人的個人財務報表如下圖所示：

除非這個人觀念改變，否則他有可能一生都在為金錢所累。為什麼這樣說呢？因為這個人所付的每項開支，都正在使另一個人變得更富有。

很多人問我：「獲得財務自由的第一步是什麼？」我的回答是，「控制你的財務報表。」

我和太太製作了一個課程教做「我們如何擺推惡性債務」（How We Got Out of Bad Debt），內容分享我們脫離惡性債務的過程，對你們也將助益良多。然而更重要的是，你會從中學到如何像其他富人一樣管理你的財務狀況。這極為重要，因為許多人認為賺很多錢就可以解決他們的財務問題了。但是，情況並非這樣。學著像富人那樣管理你現有的資金，也就是看你如何解決你短期的經濟困難，這同時也為你提供了獲得財務自由的機會。

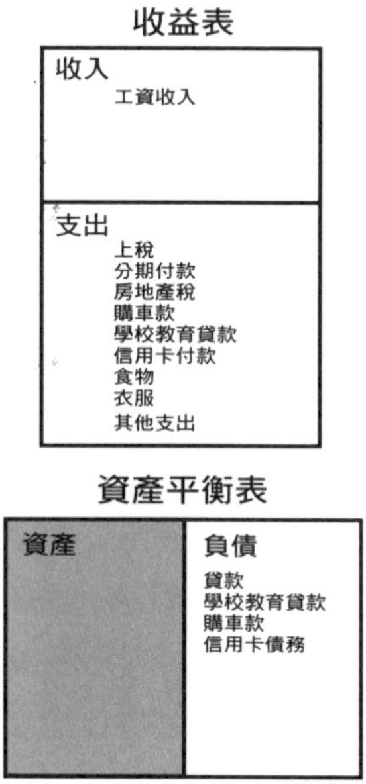

收入	
工資收入	
支出	
上稅	
分期付款	
房地產稅	
購車款	
學校教育貸款	
信用卡付款	
食物	
衣服	
其他支出	

資產平衡表

資產	負債
	貸款
	學校教育貸款
	購車款
	信用卡債務

你在使誰變富

財務知識第二課：要想了解全部的情況，至少需要兩份財務報表。

富爸爸說：「資深的投資家要想了解真實情況，他要看兩份財務報表。」

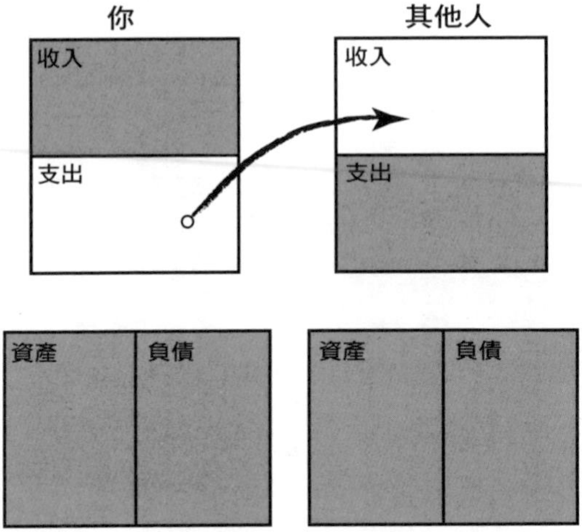

在我所上的其中一課中，富爸爸畫了這張圖。

「你要永遠記住，你的支出就是其他人的收入。無法控制自己現金流的人，使那些能夠控制自己現金流的人變得富有。」

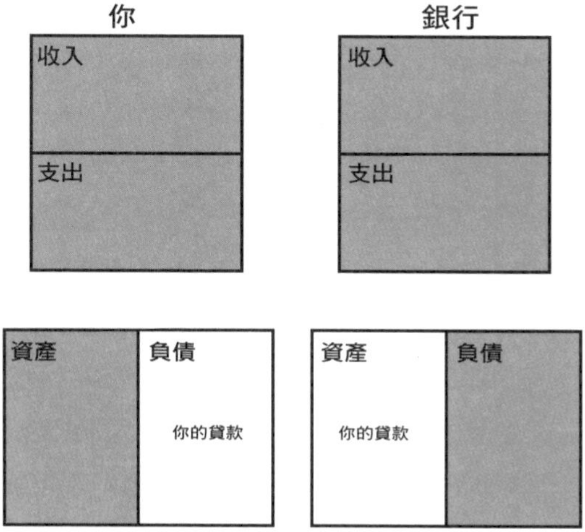

一個投資者要做些什麼？

富爸爸畫了這個表說：「以一個房主兼銀行家為例，我可以為你說明一個投資者應該做些什麼。」

我坐在那裡盯著報表看了一會兒說：「這個人的抵押貸款在兩張財務報表上都體現出來了，只是同一項抵押貸款在兩張報表上表現在不同的兩個專案上，一項是資產，另一項卻是負債。」

富爸爸讚賞道：「現在你開始真正地看懂財務報表了。」

「這就是為什麼你說至少要兩份財務報表，才能看懂某人的整個財務狀況的原因嗎？」我說，「因為你的每一項支出都是別人的收入，而你的每一項負債也都是別人的資產。」

富爸爸點頭說：「為什麼大部分受過教育、但對財務報表之類財務知識感到陌生的人，在那些有這方面專業知識的人面前感到束手無策，就是這個原因；這也是為什麼當人們用他們的信用卡時，他們實際上是在增加自己的負債和增加銀行資產的原因。」

「所以當一個銀行家對你說『你的房屋是資產』時，他可能沒有對你撒謊，只是他並沒有說明這項資產真正屬於誰，你的抵押貸款是銀行的資產卻是你的負債。」我說，這時對財務報表重要性的理解更加深刻，也更明白為什麼要參考這兩張財務報表，才能獲得更準確資訊的原因。

富爸爸點點頭說：「現在我把現金流加到圖裡，讓我們看看一項資產中的抵押貸款是怎麼一回事。」

「在這個例子當中，抵押貸款把錢從你的錢包裡掏出來，然後使錢流進了銀行的帳戶。這就是為什麼說抵押貸款是你的負債、卻是銀行的資產的原因，我要說明的是這是同一專案對不同主體產生的不同的效果。」

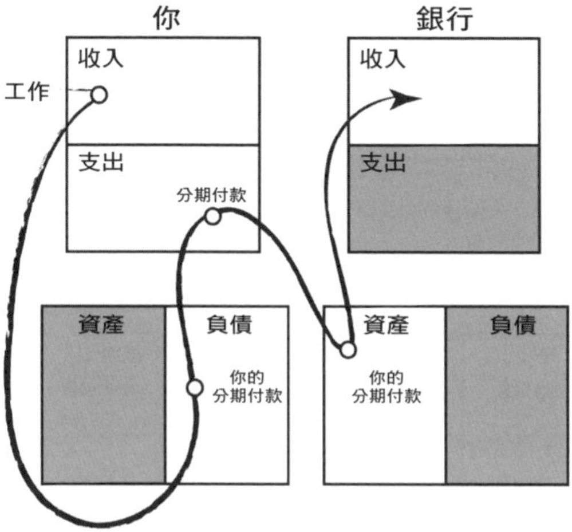

「所以，銀行創造出了一項對購房者而言是負債的資產。」我若有所思地說道，「而一個投資者應該做的是努力獲得用別人的錢可以支付的資產。投資者透過出租而真正擁有屬於自己的公寓的過程就是這個道理：每個月都有由租金帶來的現金流流入他們的收益表，正如他們的抵押貸款流入銀行的收益表一樣。」

富爸爸笑著點點頭說：「你已經開始入門了，我肯定你想達到等式中這一邊的狀況，而不是另一邊的狀況，但這是雙向的。」他邊說邊畫了這張圖：

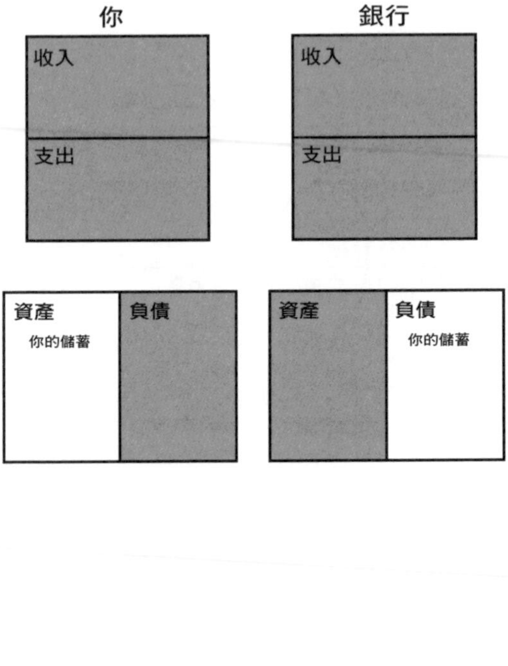

「噢，我的存款是我的資產同時也是銀行的負債，看來也是至少需要兩份財務報表才能弄清楚了。」我說。

「對，」富爸爸說，「從圖中你還注意到什麼？」

我盯著圖看了一會兒，又仔細看了看抵押貸款和存款，慢慢說道：「沒有了，我只看到你畫的這些東西。」

富爸爸笑著說：「所以說你還需要進一步練習如何讀懂財務報表。就像你讀書或聽人說話一樣，讀過或聽過兩三遍以後自然就熟悉了。同樣的道理，你對財務知識接觸得愈多，你得到這方面磨練的機會就愈多、學到的東西也就愈多了，這樣你就能注意到你的眼睛從表面上看不見的東西了。」

「那麼，我漏了什麼？什麼東西我沒有看到？」我急忙問道。

「人們買了房子可以獲得政府的稅收減免是你從圖中所看不到的。」

「我把這點忘了。」我恍然大悟。

「與此同時，政府卻要對你的儲蓄徵稅。」富爸爸說。

「這麼說，政府因為我們負債而減免我們的稅收，而當我們有了資產時，政府就要收稅嘍？」我問道。

富爸爸點點頭說：「現在你可以想像一下，這一點對一個人的思想和財務未來將會產生多麼重要的影響。所以，很多人對自己背上債務感到興奮不已，而對擁有資產卻感到煩惱不安。」

「人們為了獲得政府的稅收減免而寧願損失了自己的金錢？他們為什麼要這麼做？」我不解地問。

富爸爸輕聲笑了笑，然後說：「正如我所說的，專業投資者所關注的不僅僅是投資物件價格的漲落。資深投資家會透過研究財務資料來了解整個投資形勢，他們得到的資訊，往往是一般投資者所發現不了的。他們必須面對政府各種法規的衝擊，諸如稅收法、公司法、商業法和會計法。想要全面獲取投資資訊，不但要具備投資理財方向的專業知識，還需要會計師和律師的協助。換句話說，你需要兩名不同行業的專業人員來幫你做這件事。倘若你肯把時間和精力投入到研究隱藏在財務報表中的一些細節問題上，那麼你肯定是會有所收穫的。你會找到很好的投資機遇，從而獲得極少數人才能獲得的鉅額財富。你也會明白為什麼富人愈來愈富，而窮人和中產階級終日勞動，卻要負擔沉重的稅賦，進而陷入各種債務的困擾之中。一旦你明白了真相，你就能決定你想屬於象限的哪一邊。做出這個決定並不困難，但對於那些不願花費時間和精力就想獲得投資利潤的人來說，做出這一個決定可能有些困難。」

我已沒有必要再考慮到底要在象限的哪一邊了，我只知道我要做的是如何合法地從內部投資，而不是游離於圈外。不管我富不富有，我只想知道真相，我要知道富人如何變富，以及他們變富的根本原因。

具備財務知識的必要性

八〇年代初期，出於個人愛好，我開始向人們教授企業和投資知識。授課過程中，我感到有不少人信心十足地想在商業和投資領域闖出一番事業，但他們卻缺乏基本的財務知識。我認為，十家新企業中有九家在頭五年會失敗，這也使得多數投資者認為投資是有風險的，或者賺不到錢，甚至賠錢的，其根本原因就在於他們所掌握的財務知識極度匱乏。

當我建議他們在投資或經商之前學習一些財經、金融和投資方面的知識時，大部分人叫苦不已，沒有絲毫重返課堂接受新知識的意願。於是我開始尋求一種簡易的教學模式，使人們既學到了基本理財知識，又獲得了樂趣。一九九六年，我設計的「現金流」遊戲問世，這是一種介紹財務知識、會計知識和投資技巧的遊戲。

教與學

「現金流」是一套財商教育實踐遊戲，因為我認為投資和財務分析，不是兩門僅僅透過讀書就能掌握的學科。我那身為教師的窮爸爸經常這樣說：「一個老師必須要知道教與學之間的區別和聯繫，明白哪些該教、哪些要學生親身實踐才能掌握。」他說，「這就好像你可以教一個小孩記住『自行車』這個單詞，但你教不了他如何騎自行車，這是要藉由他自己實踐才能獲得的能力。」

在過去的三年時間裡，我已看到成千上萬的人透過玩「現金流」來學著如何做一個投資者。透過玩遊戲，他們學到了我在課堂上透過說教所不能傳授給他們的實踐知識，就像我教不了你如何騎車一樣。在短短幾個小時之內，這兩個遊戲就把富爸爸花了三十年引導我掌握的知識，傳授給了那些玩遊戲的人。這本書之所以取名為《富爸爸，提早享受財富：投資指南》，是因為富爸爸確實曾經用這種方式引導我、教我掌握了財務知識。他認為這是一個行之有效的好方法。他無法教會我投資學和會計學這兩門課，我得自己想辦法去補上這兩門課，我想你們也是一樣的。

提高你的成績

你對財務報表、年度財務報告和投資計畫書接觸得愈多，你的財務智慧、財務眼光也就會更勝人一籌，逐漸你就會把握一些普通投資者難以發現的資訊。

我們都知道「溫故而知新」是學習知識並掌握知識的有效辦法。多年以來，富爸爸一直在教我反覆回顧財務報表上的資訊，今天，我自然而然會用財務報表的角度下去思考所有事情。

當我們開始學騎自行車的時候，我們必須用心去想怎樣騎車。一旦我們學會了，我們就不必刻意去想或回憶怎樣騎車。學開車也是同樣的道理。當學會以後，潛意識就會驅使我們，所以你可以一邊開車，一邊和別人說話、吃漢堡、考慮工作中碰到的問題或聽廣播和錄音。這些事依靠潛意識就自然而然地處理好了。那麼，閱讀財務報表也是這個道理。

為尋找一項有價值的投資，需要投入時間最多的就是財務資料分析。尤其是對於一個初學者而言，學習閱讀財務報表是一個冗長乏味的過程。但只要你堅持不懈，這個過程會逐漸變得簡單，你學習的步伐也會逐漸加快。到一定時候，你不用刻意去想，許多投資機遇就會自然而然地在你的頭腦中閃現，就像騎自行車和開車一樣。

意向測試

人類在許多情況下，是憑潛意識學著做很多事情的。如果你想成為一名成功的投資者，使自己多賺錢而少擔風險，那麼我建議你學著訓練自己對財務報表的分析能力。對財務報表的分析，是像華倫·巴菲特那樣的世界上最成功的投資者首先必須掌握的基礎知識。

這樣做主要是可以在實踐操作中學習，每個專業投資者手中都有很多需要資本投入的有潛力專案和不動產投資。不論我們起初是否感興趣，富爸爸教邁克和我不斷地閱讀、研究和分析這些投資。必須承認，這是個漫長而痛苦的過程，但幾年下來，我們的步伐加快了，並且從中體會到了樂趣，以後的工作也就更加得心應手了。正是這個重複的過程得以讓我能夠提前退休，獲得經濟上的安全感，並引導我創造著更大的財富。

所以，意向測試的問題是：

你是否願意練習製作自己的財務報表並隨時更新你的財務報表，同時研究其他人的商業或不動產投資報表？

願意□　不願意□

你會發現這個問題和第十五章末尾的一個問題相似，它再次強調了財務知識的重要性。對這個問題的回答極為重要，因為要想成為一個富有的投資者，或者進行富人們的投資，必須要付出的代價就是：投入大量的時間和精力研究財務報表，同時不斷地增加你自己的財務知識。如果你對這個問題的回答是「願意」，那麼那些富人的投資行為對你而言也就不再危險了。如果你擁有豐富的財務知識，那麼你就會具備獨到的經濟眼光，使你發現你認為最值得投資的項目。

第十七章 投資第十七課：錯誤的魔力

我的親生父親屬於學術界，在這個圈子裡人們認為錯誤是不對的，而且錯誤是可以避免的。如果一個人犯了太多的錯誤，那麼他有可能會被認為是智商不高。

我出身貧寒的富爸爸對此卻持有不同觀點。對他而言，錯誤為他提供了獲取新知識的機會。他認為，一個人錯誤犯得愈多，他從犯錯誤中所汲取和學到的東西也就愈多，進步也就會愈快。他常說：「在每個所犯的錯誤背後，都隱藏著一股神奇的力量。所以，我犯的錯誤愈多，我就會花愈多的時間去學習，我的生活也才會有可能出現更多奇蹟。」

富爸爸經常用學騎自行車的例子，加深我對隱藏在錯誤背後的那股神奇力量的理解。他說：「記住你在學騎車的過程中遇到過的挫折感：你的朋友們已經學會騎車，並且上路了，而你一次又一次地騎上去，卻一次又一次地摔下來，你不斷地重複犯錯……忽然有一天，你不再摔跤了，你可以慢慢地騎著走，車輪開始轉動起來。就像有一股神奇的力量助了你一臂之力，你眼前豁然開朗起來。這就是在錯誤當中可以發現的魔力。」

華倫．巴菲特的錯誤

華倫．巴菲特是全美國最富有的投資家之一，他擁有一個名叫伯克希爾．哈撒韋的公司。今天，伯克希爾公司已經成為全世界股票價格最高的公司之一。儘管有一些人對這家公司評價頗高，但很少有人知道，投資伯克希爾公司曾經是華倫．巴菲特最失敗的舉措之一。

伯克希爾公司的前身是一個瀕臨倒閉的襯衣生產企業。華倫．巴菲特認為透過他和員工的努力會使公司起死回生。然而正如我們所知，當時的針織品製造業儘管在其他國家有廣大的市場，但在美國卻始終不景氣。華倫無力扭轉這一趨勢，儘管他竭盡全力，依舊無法改變公司日趨陷入絕境的事實。然而，華倫從這一失敗中找到了使他獲得鉅額財富的契機。

其它錯誤

類似的例子不勝枚舉，鑽石天地公司的案例也是其中之一。鑽石天地成立的目的是從事鑽石開採，但由於公司地質探勘人員犯了一個錯誤，結果他們沒找到鑽石，但卻發現了世界上最大的鎳礦之一。

李維．斯特勞斯起初想在加州靠開採金礦發財。然而，他發現這個行業似乎並不適合他。最後他不得不放棄金礦開採，轉而開始用帆布縫製礦工穿的褲子。如果當初他沒有做出這一重大決策，那麼今天我們也不可能在全世界幾乎每個角落都能聽到Levi's牛仔褲的名字。

如果湯馬斯．愛迪生當初一直在公司就職的話，他也不會發明出給全世界帶來光明的電燈泡。據說他在發明出燈泡以前，已做過一萬多次的試驗。假如他仍是公司的職員，就憑他這無數次的失敗，早已經被解雇不知多少次了。

哥倫布所犯的最大錯誤，就是本想去開闢連接中國的貿易航道，但卻意外發現了美洲大陸！

生活的智慧和學校的智慧

富爸爸在投資理財方面獲得的巨大成功可歸結於諸多因素，但最重要的是他對待錯誤所持的態度。其實，他也像我們一樣討厭犯錯誤，但他在錯誤面前並不感到畏懼。富爸爸甚至不惜冒險去犯錯誤。他說：「往往當成功離我們還有一步之遙時，就到了我們最有可能犯錯誤的時候。」

有幾次，富爸爸生意經營失敗，蒙受了虧損；我也看到過他推出的新產品被市場拒絕。但是，對待每一次錯誤，他並不是因此而意志消沉。相反地，他變得更加樂觀、明智、勇敢和果斷，因為他從中獲得了更多更豐富的寶貴經驗。他常對邁克和我說：「犯錯誤是我獲得知識和經驗的途徑。我每犯一次錯誤，都會從中學到不少東西，而且能夠遇到我以前從未碰到過的人，這些都使我受益匪淺。」

在一次經營管件分銷公司的慘敗中，他碰到了後來的一個商業合作夥伴。他們在失敗中建立起來的友誼和合作關係中，使他們日後合力獲得了鉅額財富。他說：「假如當時我不冒險經營那個公司，就不可能遇到傑里，能認識他是我這一生中的一大幸事。」

我的窮爸爸在學校是個品學兼優的好學生，他很少犯錯誤。這也是他為什麼能在幾乎所有的考試中取得好成績的原因。然而就在他五十二歲時，他似乎犯下了一生中最大的錯誤，並且一直難以從這些錯誤中走出來。

面對生父擁有專業知識卻一生清貧的現實，富爸爸對我說：「在商業領域，期望自己事業成功，僅有學校的智慧是遠遠不夠的，你還必須具備街頭的智慧。你父親五歲開始讀書，因為學習成績優異，他繼續留校完成他的學業，而且一直是名列前茅。可以說，你父親在學校的時候是一帆風順的。而他五十二歲時，卻被拋進生活這個大課堂裡，要重新去學習生活中的智慧。要知道，生活可是最嚴厲的老師。與學校書本教育的方式完全不同，生活的教育方式是：你得首先遭受挫折，然後從中汲取教訓。大多數人由於不知道如何犯錯誤和從錯誤中悟出道理，所以，只是一味地逃避錯誤。他們卻不知道，這種行為本身已鑄成大錯；還有一些人犯了錯誤卻沒能從中汲取教訓。這些都是為什麼有如此多的人總是不斷循環地犯著自己以前曾經犯過的錯誤。他們會一而再、再而三地犯錯，就是因為他們不知道如何從錯誤中汲取教訓。在學校，你可能會因為沒犯錯誤而被認為是聰明的學生；而在生活中，你的智慧恰恰是因為你犯過錯誤，並且能從中汲取教訓。」

我所知道的最大的失敗

富爸爸對我和邁克說：「我之所以如此富有，是因為我在財務方面犯的錯誤比其他人多。每犯一次錯誤，我都會從中學到不少新的東西。在商界，這種所謂的新東西被稱為『經驗』，但僅有經驗還是遠遠不夠的。很多人認為自己已經有豐富的經驗，因為他們已經重複犯了幾次同樣的錯誤，但事實並非如此。我想說的是，如果一個人真正從所犯的錯誤中吸取了教訓，那麼他的生活就會發生改變。那麼，他獲得的就不是經驗，而是智慧了。」富爸爸接著說，「人們想避免在財務上出錯，這本身就是個錯誤。他們總是提醒自己『謹慎從事，不要冒險』，卻不明白自己之所以會陷入經濟困境，就是因為他們沒有從自己所犯的錯誤當中汲取到教訓。每天，他們起床、工作、重複老錯誤、避免新錯誤，卻不能對其中的道理有所領悟。這些人常對自己說『我做的每件事都對，但出於某些原因，我沒有在財務上領先』。」

富爸爸對此的評價是，「也許他們做的每件事都對，但問題是他們只想避免做錯事，做那種諸如冒大風險之類的錯事，因此他們總是試圖掩蓋自己的弱點，而不是去勇敢地克服它。他們絕不做他們害怕做的事情，並且有意識地避免犯錯誤，而不是找機會犯錯誤。」他說，「我所知道的最大的失敗，就是那些從不失敗的人。」

犯錯誤的技巧

富爸爸沒有教邁克和我如何避免犯錯，而是傳授如何製造錯誤並從中獲取智慧的技巧。

富爸爸在其中一課中說道：「犯錯誤之後，你首先會感到很沮喪，我知道每個人都有這種情況，這是犯錯誤的第一個徵兆。」他說，「但是從沮喪當中，你會發現一個真實的自我。」

邁克問：「什麼叫真實的自我？」

「在你沮喪的那一剎那，你會展示你性格中的一部分。」富爸爸說，接著他就為我們描述了當人們犯錯誤之後，由於沮喪而顯露的幾種性格特徵。

‧說謊。說謊的人總是說「我沒做那件事」，或者「不，不，不，那不是我幹的」。或者「我不知道這是怎麼一回事」，還有「你證明給我看看」之類的話。

‧指責別人。這類人犯錯後往往會說「這是你的錯，不是我的錯」，或者「如果我妻子花錢時用點大腦的話，我就不會落到如此的地步」，或者「如果沒有孩子拖累的話，我早就很富裕了」；他們也會說「顧客只是沒有注意到我的產品」，或者「我的雇員對我不忠實」、「你們說得不清楚」，還有「這是老闆的錯」等等。

·開脫責任。這些人會說「因為我沒受過良好的教育，所以我的事業不如意」、「如果再給我點時間的話，我會做好的」，或者「噢，我再也不想變富了」，或者「人人都這樣，我為何不可」。

·半途而廢。半途而廢的人經常說的話是「我早就告訴過你那樣做不管用」，或者「這件事太難了，不值得我投入這麼多的精力，還是換個簡單一點的吧」，或者「瞧，我都做了些什麼啊？我不想自找麻煩了」。

·否認。富爸爸也把這類人叫做「藏在罐頭裡的貓」。意思是說這類人犯了錯誤後，習慣於掩飾自己的行為。他們犯錯後常常會說「噢，這沒什麼大不了的，情況會好起來的」，或者「出錯了嗎？哪裡出錯了」，或「不要著急，船到橋頭自然直」。

富爸爸說：「當人們由於錯誤和特殊事件而沮喪時，上述性格特徵中的一種或幾種就會顯露出來。若你想從這些錯誤中獲得智慧的話，你就必須對自己負責任地控制自己的思維，並不斷地問，我到底從這些錯誤中學到了什麼？」

富爸爸接著說：「假如一個人說『我所得到的教訓就是再也不那樣做了』，那麼，這個人也許還沒有領悟到犯錯誤的重要性。如此多的人活在一個貧窮的世界裡，是因為他們不斷地對自己說『我再也不那樣做了』，而不是說『我很慶幸自己犯了錯誤，因為我從這次經歷中受益不淺』。避免犯錯誤或浪費犯錯誤機會的人，永遠沒有機會看到硬幣的另一面。」

還有一個例子可供參考。當我經營的維克勞尼龍錢包生意倒閉後，我沮喪了整整一年的時間。我睡得像個嬰兒一樣，就是每隔兩小時就醒來大哭一次的狀態。我對自己說：「我真不該做這個生意，我明知道會失敗的，以後我再也不去做生意了。」我也埋怨了一些人，為自己開脫責任，說一些諸如「這完全是丹的錯」和「其實我並不太喜歡這個產品」之類的話。

但是我並沒有因此而逃脫或去找另外一份工作，富爸爸讓我面對殘局，並且仔細研究，然後從我的生意的斷壁殘垣中走出來。今天，我可以對人們說：「我對商業的了解，更多的是從我失敗的教訓中，而不是從我成功的經驗中獲得的。收拾殘局、重整旗鼓的過程，使我成為了一個優秀的經營者。」我不會再說，「我再不那樣做了。」我會說，「我很慶幸自己有失敗的經歷，並感謝從中獲得的智慧。」然後，我會說，「讓我們再開始另一個生意吧。」這個過程不再是恐懼和憤恨，相反地，其中充滿了令人激動和快樂的東西。我不再害怕失敗，因為我深刻理解了失敗是成功之母。倘若我不犯錯誤或沒有從中受到啟發的話，那麼，我的生命中將不會有奇蹟，我的生活前景將會狹小黯淡，而不會是豐富多彩和充滿傳奇色彩。」

上高中時，我因為不會寫作而曾經兩次不及格。而現在，我的書登上了《紐約時報》、《雪梨早報》和《華爾街日報》等權威的暢銷書排行榜。以前，我最不擅長的科目就是寫作、商業、市場營銷、演講、財會和投資，而現在我卻因為這些而為人所知。具有諷刺意味的是，我認為簡單而且令我感興趣的東西，例如衝浪、經濟學、橄欖球和畫畫卻沒有使我成名。

何為教訓？

每當聽到人們說「投資太冒險」、「我不想拿我的錢開玩笑」，抑或「我如果失敗了怎麼辦」之類的話時，窮爸爸的影子就會出現，因為他常說：「我不想犯錯誤。」正像我所說的那樣，在這些人眼中，犯錯誤的人是愚蠢的。

而在富爸爸眼中，風險、錯誤和失敗是促進人類進步必不可少的條件。所以，他總是設法面對風險和錯誤，而不是千方百計地迴避。他認為錯誤只是人們附帶著感情色彩的教訓。他說：「人們犯錯誤時會感到沮喪，這正是讓我們從中獲得教訓的先兆。就像有人在輕拍你的肩膀提醒著你，『注意，有些重要的東西你得去學習。』如果你因為沮喪而撒謊、抱怨、找藉口或否認，那麼，你就是在浪費可以使你獲得智慧的機會。」

在我生氣的時候，富爸爸教我用數數字的方法來緩解自己。若我生氣，他叫我數到十；若我非常生氣，他就叫我數到一百。待冷靜下來，我會說：「很抱歉。」不管我有多氣憤，從不責備任何人。因為如果我責備其他人，就是把權力交給了別人；如果我對發生的事負責的話，我就會獲得寶貴的經驗。但假如我說謊、責備、找脫詞或否認，我將一無所獲。

富爸爸也說：「沒有多大作為的人往往會責備他人。他們總是希望別人有所改變，這是他們之所以長期沮喪的原因。他們沮喪還因為他們從來不從個人的教訓中汲取經驗和智慧。這些人不僅不應該沮喪，還應該感謝那些告訴他們該學習什麼東西和該怎樣做的人。」

「每個人都能從自身或別人身上汲取教訓，問題是我們常常不知道自己應從別人身上汲取怎樣的教訓。當你試圖學習新東西時，如果對他人不滿或怨恨，就如同你在生自行車的氣，因為你在學習新事物時從上面摔下來兩、三次。」富爸爸這樣說。

今天所犯的錯誤

當股票市場和不動產投資市場都正在攀升時，以前從未做投資的人也開始涉足，紛紛談論著投資行情。他們說：「我投資不動產賺了不少錢。」或「還好我搶先了一步，現在價格上升了二十個百分點。」這些熱情洋溢的投資新手們，還從未經歷過市場的衝擊，還從未嘗過市場低迷時虧損的滋味。

我相信不用多久，這些現在發了財的投資新手們，有機會找到被市場擊敗的感覺。那時，我們才會看出誰才是真正的投資家。正如富爸爸所言：「投資的價格上漲了多少並不重要，重要的是它下跌了多少，會給你帶來多少損失。真正的投資者要隨時準備好付出代價，以便應付突如其來的市場變動。市場能教給你的最重要能力，是如何從你的錯誤中汲取經驗教訓。」

對我而言，學習控制自己的情緒是個終身的過程，這樣的終身過程還包括承擔風險的過程、犯錯誤的過程和對任何人心懷感謝的過程。當我將來回顧一生時，我會說，這種積極的心理狀態，不僅使我獲得了事業上的巨大成功，為我創造了鉅額財富，而且讓我的生命綻放出燦爛的光芒。

意向測試

我從兩個爸爸那裡體會到，學校中的智慧和生活中的智慧的區別，以及其各自的重要性。明智的人應該認清兩者間的區別。正如富爸爸所說：「學校的智慧固然重要，但生活中的智慧才能真正使你生活富足。」

所以，我為你設置了以下的意向測試題：

1、你對風險、犯錯誤和學習是抱持什麼樣的態度？

2、你周圍的人對風險、犯錯誤和學習又是抱持什麼態度？

3、你是否有財務上、職業上或商業上的煩惱有待解決？

4、當涉及經濟問題時你是否仍會對別人大發脾氣？

5、當你對自己或別人感到煩惱時，你是否能從中汲取教訓，並從內心深處充滿感謝，因為這證明你有足夠的勇氣來承擔風險和從錯誤中學習。

富爸爸說過一句讓我刻骨銘心的話，他說：「我之所以能夠擁有今天的財富，是因為我比其他人願意犯錯誤，並且能夠從中汲取教訓。多數人要嘛不願犯錯誤，要嘛一而再、再而三地犯著同樣的錯誤，但卻始終不能對其原因有所領悟。假如沒有足夠的犯錯經歷，或沒有從錯誤中汲取到教訓，那麼你的生命中就注定不會出現奇蹟。」

本章介紹的錯誤魔力，是富爸爸投資理財課程中最重要的章節之一，尤其是在這個我們即將跨入的勇敢者的世界裡，這一課更顯重要。本章所講的知識將會就如何迎接未來的挑戰助你一臂之力。隨著資訊時代的到來，那些害怕犯錯誤的人將會被遠遠地拋在後面。

請記住前英國首相溫斯頓·邱吉爾的一句話。「成功，是一種從一個失敗走到另一個失敗，卻能夠始終不喪失信心的能力。」

第十八章 投資第十八課：致富的代價是什麼？

富爸爸告訴我，一個人致富的途徑有很多，但每一條路都得付出相對的代價。

1、為錢和同某人結婚致富。眾所皆知，這意謂著將要付出什麼樣的代價。富爸爸曾說：「男人或女人都可為錢而結婚，但你能想像和你不愛的人共度一生的情景嗎？這個代價實在是太大了。」

2、坑矇拐騙和違法致富。富爸爸說：「合法致富是很容易的，人們為什麼還要違法犯罪去冒坐牢的危險呢？除非他們真的喜歡從中尋求刺激。對我來說，冒坐牢之險致富是一個昂貴的代價。我是為了自由才想變得富有，何必去冒失去自由的危險？更何況如果幹了不法勾當，我將無法面對家人和朋友。而且，我一直認為自己是個最差的撒謊者，記性又不好，總是不能自圓其說。因此，最好還是說實話，我覺得誠實才是上策。」

3、繼承遺產致富。富爸爸說：「邁克從前常常感到所擁有的一切不是自己賺來的，他總在懷疑自己是否有能力靠自己致富。因此，我只給他很少一點錢，並像引導你一樣引導他，然後就靠他自己去創造財富了。對他而言，能感覺到自己有能力賺錢是非常重要的。當然，並不是每個有幸繼承財產的人都能這麼想。」

我和邁克是一起長大的，小時候我們兩家都比較窮。但到我們成年時，邁克的爸爸已經變成了夏威夷最富有的人之一，而我的親生父親仍然很窮。邁克命中注定會從那個我稱作富爸爸的人那裡繼承財產，而我卻注定要白手起家。

4、中彩票致富。對此，富爸爸只是說：「偶爾買張彩票還是可以的，但是把你未來的財務狀況完全押在彩票上，就是愚蠢的致富計畫了。」

遺憾的是，許多美國人卻說，中彩票正是他們的全部致富計畫。把美好生活的希望建立在一個一億分之一的奇蹟上，是要付出很大代價的。

而且，要是你對如何處理一大筆意外之財沒有正確的打算，那麼很快你將再度貧窮。

最近，報紙上講了一個人中彩票的故事。這個人瘋狂地享受人生，但很快就債臺高築，最後不得不考慮宣告破產。但在中彩之前，他的財務問題曾經處理得很好。為了解除危機，他又去買彩票，而且又一次中了。這一回，他去找了個財務顧問幫他規畫並處理財產。這個故事旨在告訴我們：如果你中了大彩一定要對錢有個規畫，畢竟沒有多少人能像他那樣幸運地中第二次。

5、成為影星、搖滾歌星、運動明星或某一領域的傑出人物而致富。富爸爸說：「我不聰明，又沒天賦，長得也不怎麼樣，更不會逗人開心，所以做名人的辦法對我並不實際。」

好萊塢到處都是身無分文的演員，俱樂部裡也不乏成天夢想錄製金唱片的搖滾樂隊；高爾夫球訓練隊上的球員，都夢想著成為老虎．伍茲（Tiger Woods）那樣的職業球員。然而，如果你走近老虎．伍茲，就會發現，老虎．伍茲走到今天這一步是付出了巨大代價的。他三歲就開始打球，一直打到二十歲才成為職業球員，他的代價就是十七年的艱苦訓練。

6、貪婪致富。這種人在世上比比皆是。他們的口頭禪就是「我要守住我的財富」。貪財的人通常對其他東西看得也很緊。要是別人有求於他們或要求他們面授機宜時，他們多半沒空。

貪心的代價是你不得不更加努力，以保住你想要得到的。牛頓第三運動定律提到，當有一個作用力的時候，必然有一個相對的反作用力存在。如果你貪得無厭，人們會以同樣的方式回敬你。

當我遇到那些把錢看得很重的人時，我會讓他們開始試著拿出一部分錢，捐給教堂或捐給他們喜歡的慈善機構。按照經濟學和物理學的法則就是付出你想要的。想要得到微笑就先微笑，想要挨揍就先出拳，想要獲得財富，就要先給予。雖然，對貪婪成性的人來說，從口袋裡往外掏錢實在是一件難事。

7、靠假冒偽劣產品致富。這點讓富爸爸情緒激動，他說：「靠劣質偽品致富，意味著你也很劣質。這就是問題的實質。這個世界最討厭這種富人。人們之所以憎恨查爾斯．狄更斯（Charles Dickens）的名篇〈耶誕頌歌〉（A Christmas Carol）中的人物斯克瑞奇就是因為這個原因。」富爸爸又說道，「像斯克瑞奇那樣致富的人，給富人帶來了不好的名聲。生於貧窮、死於貧窮是一種悲劇，而生於貧窮、為財而死則是瘋狂的。」

富爸爸平靜下來後又說：「我認為有錢就可以享受生活，所以我努力工作，我的錢也在努力運轉，最後我享受到了勞動的果實。」

富爸爸說：「致富有兩種方法，一種是多賺錢，一種是少欲望。問題是大多數人在這兩方面都不行。」

近來有一篇文章證實了富爸爸的觀點。詹姆斯．戴爾．戴維森（James Dale Davidson）和洛德．威廉．雷斯莫格（Lord William Rees-Mogg）所著的〈在變遷的時代創造美好人生〉（Affording the Good Life in an Age of Change）一文，刊登在《戰略投資通訊》（*Strategic Investment Newsletter*）上。這兩個人還合著過另外幾本暢銷書：《街頭血雨》（*Blood in the Streets*）、《大結算》（*The Great Reckoning*）、《佼佼者》（*The Sovereign Individua*）。這些書都極大地影響了我的投資方式和對未來的看法。

戴維森是國家納稅人聯合會的創始人，雷斯莫格是世界上許多經濟實力最強大的投資人的經濟顧問，他也曾擔任過《倫敦時報》的編緝和英國廣播公司的副總裁。〈在變遷的時代造就美好人生〉這篇文章，探討了為什麼節儉並不能真正致富。戴維森認為，節儉有可能致富，但要付出巨大的代價。實際上，是要付出多方面的代價。其中之一就是節儉和吝嗇只能讓你的財富聚集，而不能創造出更多的財富，如此而已。因為，精打細算並不意謂著你有致富的能力。你只知道節儉本身就是一個高昂的代價。

我和戴維森都不贊同時下流行的一個觀念：凍結信用卡量入為出。這對某些人是個不錯的主意，但並不是我們賺錢的初衷和享受美好生活的方式。

戴維森同樣說過，利用理財能力致富是最可行的。百萬富翁在如今並不能說明什麼，一百萬只不過是像富人一樣投資的投資起點。因此，戴維森很現實地推薦第八條致富的途徑。對富爸爸來說，財務上的精明包含了什麼時候該考慮節約、什麼時候應該放開手腳。

8、通過財務上的明智決策致富。在我十二歲時，我在海濱看到富爸爸對那塊土地的投資時，我就開始明白了明智財務決策的重要性。許多來自B象限和I象限的人依靠豐富的知識致富。而且，這些人中有很多是在幕後操作，對世界金融體系進行管理、控制和調整。

有數以百萬計的人虔誠地把退休金、存款和其他資金投入市場，但賺大錢的往往只有那些在幕後控制投資市場和分配系統的決策者，而很少是個體投資者和退休人員。就像富爸爸多年前教導我的那樣，「有人去體育場門口買比賽的門票，也有人在賣比賽的門票。而你應該選擇進入賣票人的行列。」

這讓我記起了斯坦利（Thomas F. Stanley）和丹科（William Danko）寫的《鄰家的百萬富翁》（*The Millionaire Next Door*），書中對於節儉的看法是，「節儉是累積財富的奠基石。」其實吝嗇與節約之間有著天壤之別，富爸爸對節約的關注遠勝於吝嗇，他說：「如果你想真正富有，就應該知道何時該節約、何時該一擲千金。而問題是，很多人只知道如何節約和吝嗇，這就好像是在用一條腿走路。」

《鄰家的百萬富翁》和我朋友德懷特．李（Dwight Lee）所著的《富在美國：八條創造財富和幸福生活的法則》（*Getting Rich In American: 8 Simple Rules for Building a Fortune and a Satisfying Life*），兩本書都把成功解釋成過著節儉的生活，並節約每一分錢的人能夠「致富」。

是的，但是如果你過得猶如貧民，說要賺什麼大錢也很有限，即使甚至頓頓吃從超市買的罐裝義大利麵，也無法由於節儉而成為百萬富翁。這有助於理解為什麼僅有十分之一的百萬富翁的淨資產能達到五百萬美元。節儉只是那些無法繼承財產、沒有較高現金流入的人致富的第一步。對美國人來講，成為百萬富翁是最基本的一步，只有這樣，你才可以以「特許投資者」的身分投資高速發展公司進行「證券私募」交易。這是致富的主要途徑。我二十多歲就成了百萬富翁，但我很快意識到區區幾百萬根本算不了什麼，這點錢負擔不起我所喜歡的生活方式。

我的結論是，「賺錢的最佳途徑就是參與私營公司的私人投資。」

為什麼富人會更富

在我小的時候，富爸爸對我說：「投資方式上的與眾不同，造就了一部分富人更加富有。他們在那些不是提供給窮人和中產階級的投資專案上投資。最重要的是他們擁有不同的教育背景。如果你獲得了同樣的知識，你就會同樣擁有大量的金錢。」

戴維森指出，美元在過去的一個世紀中已經貶值90％，所以，做為一個守財奴式的百萬富翁是不夠的。有能力參與富人的投資，其代價就是至少有淨資產一百萬美元。即使這樣，你可能仍沒有足夠的能力安全地投資於富人的投資。

富爸爸認為如果你想參與富人的投資專案，你必須具備：

1、教育（Education）

2、經驗（Experience）

3、多餘的現金（Excess cash）

在富爸爸所講的上面三個E的標準上，你會發現不同的投資者擁有的知識、經驗及資金的狀況都是不同的。

實現財務自由的代價就是花費大量的時間和精力去接受教育，獲得經驗並尋求大量可投資的現金。當你能辨別以下概念的不同之處時，你就會發現，你在投資上更加理智，你的財務知識也隨之增長：

- 好的債務和壞的債務。
- 好的虧損和壞的虧損。
- 好支出與壞支出。
- 支付的稅款和稅收優惠。
- 你就職的公司和你的公司。
- 怎樣開辦企業、怎樣穩步發展企業，以及讓公眾了解企業。
- 股票、證券、共同基金、商業、不動產、保險品及各種合法機構的優缺點，以及何時該利用哪種產品。

而大多數普通投資者只知道：

- 壞的債務，這是他們竭盡全力償還的。
- 壞的虧損，正是它們使投資者認為損失金錢是件壞事。

- 壞支出，是他們痛恨支付帳單的原因。
- 納稅，這讓他們認為不公平。
- 購買失業保險和在別人的公司中工作並一步一步向上爬，而不是去擁有和創造發展自己的公司平台。
- 從外部投資，去購買一個公司的股份而不願出售自己公司的股份。
- 只投資於共同基金和選買績優股。
- 由於慷慨而致富。這正是富爸爸的致富方式。他常說：「我為人們服務得愈多，我就會愈富有。」他還說：「在E象限和S象限中，你的服務物件是有限的，這就是問題。然而，如果你能在B和I象限中開創出一個較大的運作體系，你想為多少人服務就能為多少人服務。要是你做到了這一點，你將會比你想像的還要富有。」

為愈來愈多的人服務

富爸爸舉了一個如何透過為更多人服務而致富的例子，「如果我是個醫生，一次只能治療一個病人，那麼，對我而言只有兩種多賺錢的方法，一是延長工作時間，二是提高工作效率。但是，假如我能在業餘時間繼續工作，並研製出治療癌症的藥物，我就會因為能夠給更多的人提供服務而獲得財富。」

富有的定義

《富比士雜誌》（Forbes）把「富有」定義為：收入一百萬美元並擁有淨資產一千萬美元。而富爸爸的定義更加嚴格：一百萬美元穩定的被動收入，五百萬美元不動產，而不是淨資產。因為淨資產是一個含糊的、過分虛飾的東西。同時，他認為，如果不能保證20％的投資收益，就算不上是真正的投資者。

為了達到富爸爸的目標，從白手起家做起，其間所付出的代價應該由他給出的三個標準來衡量：所受的教育、經驗及充足的現金。

當我一九七三年從越南回來時，在這三個方面都很欠缺。我面臨著一個選擇：我是否願意投入時間來獲得這三個方面的東西？富爸爸做到了，他的兒子邁克做到了，而我的許多朋友也正在投入時間來獲得這些東西，這就是他們愈來愈富有的原因所在。

從計畫起步

做一個富有的投資者，你得先有個計畫，然後堅持不懈地去實現它。普通投資者通常在投資前不考慮計畫問題，總是在熱點上投資，或者追隨當天的熱門投資專案。他們不停地從科技股跳到農礦產品，又跳到不動產，再跑去開公司。偶爾在熱門股票上投點資還可以，但千萬不要忘記，熱門股票不會讓人永遠富有。

除了上述三個條件，富爸爸還列舉了成為巨富應具備的另外五個條件。這五個條件對白手起家的人尤其重要。

1、夢想（Dream）

2、奉獻（Dedication）

3、動力（Drive）

4、資訊（Data）

5、金錢（Dollars）

大多數人只重視其中的最後兩條：資訊和金錢。許多人認為，上學並從中獲得的知識及資訊能讓他們賺到金錢。從另外一個角度講，如果他們沒有接受過正規教育，他們會說「我沒錢是因為我沒上過大學」、「要賺錢就得花錢」或「只要我努力工作，就不愁賺不到錢，最我還是會富有」等等。換句話說，很多人都把缺乏教育或金錢，當作不能成為投資者而致富的藉口。

富爸爸把他的五個D總結為一點，「在現實生活中，前三條才是最重要的，它們能幫你獲得最終成為超級富翁所需要的資訊和金錢。」也就是說，資訊和金錢來自於你的夢想、你的全心投入和你為目標堅持不懈的努力。大多數情況下，專注於尋求更多的資訊和金錢並不能讓人富有。當然對於一個白手起家的人來說，資訊和金錢也很重要，但更需要的是你走出家門，身體力行。

第一階段結束語

至此，第一階段結束了，這一階段對我來說是最重要的階段。錢，只是一個概念。如果你認為錢難賺，你就永遠不可能富有，而且這個想法在你的生活中將成為事實。反之，如果你認為錢無所不在，那麼你的想法也會成為事實。

《富爸爸，提早享受財富：投資指南》下集的四個階段涵蓋了富爸爸的全部計畫內容，它和世界上一些最富的人的計畫不謀而合。當你閱讀該書時，想想富爸爸的計畫與你的個人財務計畫有何相同或不同之處，有什麼需要補充，該做什麼樣的總結。

我還想提醒你《富爸爸，提早享受財富：投資指南》所提供的資訊僅做為投資的指導，而不是當作精確的資料使用。因為大多數資訊會受到不同的法律解釋，參考時就應從自身特殊的環境出發。而且這些資訊並不一定很清楚明瞭，所以應該反覆仔細地閱讀。最後，我建議你諮詢你的法律顧問和財務顧問，以便制定出最符合你需要的目標和計畫。

第十九章 90／10之謎

二〇〇〇年二月，我和一群來自美國桑德伯德大學國際管理學院的頂尖聰明研究生一起工作。在三個小時的講座中，我曾問其中一個學生：「你的投資計畫是什麼？」

他毫不猶豫地回答：「畢業後，我會找一份年薪不少於十五萬美元的工作，然後每年至少從中拿出兩萬美元進行投資。」

我首先感謝他樂意讓我分享他的計畫，然後說：「你還記得我曾談到過的富爸爸90／10的金錢規律嗎？」

「當然。」年輕人笑著說。同時，他也意識到我要向他的思維方式挑戰了。他當時正在參加我任客座教授的那所著名學府的企業家培訓課程。從那次談話以後他才知道，我的教學方式並不是直接把答案拿給學生，而是透過挑戰傳統理念，讓學生去評估舊的思維模式學到東西。「但是90／10的金錢規律和我的計畫有什麼關係呢？」他小心翼翼地問。

「太多了，」我說，「你認為你找份工作，每年投資兩萬美元的計畫，能讓你成為擁有90％財富、％投資者中的一員嗎？」

「我不知道。」他說，「我還沒真正仔細考慮過我的計畫。」

「大多數人都沒考慮過。」我又說，「很多人找到一個投資計畫後，就認為它是唯一的或是最好的投資計畫。這樣就出現了一個問題，這些人直到狀況已無可救藥時，才去考慮他們所採用的計畫是否為正確的計畫。」

「你的意思是說，普通投資者只是在為退休而投資，而且不到退休就不會發現他們的計畫是否可行？」班上另一個學生問道，「當他們發現時都已為時太晚了。」

「對許多人來說，年齡是一個現實問題。」我接著說，「很悲哀，但卻是現實。」

「那麼找份高薪工作，每年拿兩萬美元出來投資就不是一個好計畫了嗎？」那個學生又問，「畢竟，我只有二十六歲啊。」

「當然是個好計畫。」我答道，「拿出比常人更多的錢投資，你這麼年輕就能以這麼多錢當作投資起點，你將來確實有可能會很富有。但我有個問題，你的計畫能讓你成為90／10投資者中的一員嗎？」

「我不知道。」這個年輕人說，「你能給我一些建議嗎？」

「你記不記得我講過的，在我十二歲那年，我和富爸爸一同在海邊散步的故事？」我問他。

「你是說你為他買得起那樣貴的一塊地而受到震撼的故事吧。」另一個人說道，「這是你富爸爸的第一次大投資，也是他走進更大投資世界的第一步。」

我點了點頭說：「就是那件事。」

「那件事又和90／10的金錢規律有什麼關聯呢？」他問。

「當然有。引用這個故事是因為我總在想，富爸爸在手裡並沒有多少錢的情況下是如何得到這樣大的資產的。正是這件事教我弄明白了90／10現象之謎。」

「90／10之謎？」另一個學生發出了疑問，「什麼是90／10之謎，它和我們的投資計畫有什麼關係？」

帶著這個問題，我轉身走向黑板，畫了下面這樣一幅示意圖。「這就是90／10之謎。」我說。

「90／10之謎？」一個學生問，「這不就是一個沒有任何資產的財務報表。」

「沒錯，但這正是謎題所在。」我微微一笑，盯著學生們的臉，看他們是否能跟上我的思路。

沉默了一陣，一個學生發問了：「請告訴我們問題吧。」

「這問題就是，如何在不購置任何資產的情況下擴充你的資產。」我悠悠道出。

「不用購置任何資產，」一個學生問，「你是說不花一分錢嗎？」

「差不多，」我說，「每年拿出兩萬美元來投資確實是個不錯的計畫。但我問你，這是按90／10的金錢法則購置資產的設想呢，還是一個普通投資者的主意？」

「因此，你想說的是用資產創造資產，而不是像常人那樣用錢購置資產。」

我點了一下頭，「你看這個我叫做90／10之謎的示意圖。它是富爸爸挑戰我常規思想的一個謎。他是在考驗我，看我如何不花錢卻能用資產創造資產。」

學生們都靜靜地看著黑板上的這個謎。最後，一個學生猛然醒悟，他說：「這就是你常說的，賺錢卻不用花錢嗎？」

我點點頭說道：「你說對了。只能獲得10％財富的90％的人常常說『賺錢是要花錢的』，因此許多人通常因為沒有錢就放棄了投資。」

「所以富爸爸出的題目就是，給你一個空白的資產框，讓你不花錢就購置到資產，然後填滿資產框。」

「我從越南回來以後，他經常同我一起吃飯，而且會習慣性地問我，如何能不用購置資產而是透過創造資產將資產項填滿？因為他知道那是許多超級富翁成為鉅富的途徑，也是比爾·蓋茲（Bill Gates）、邁克爾·戴爾（Micheal Dell）、理查德·布蘭森（Richard Branson）成為億萬富翁的途徑。他們都不是憑藉找個工作，然後拿點錢出來投資就成了百萬富翁的。」

「那你是說，要成為富人就應該去做個企業家了？」

「不，我不是這個意思。我舉這些例子，是因為你們現在上的課是企業家課程。披頭四透過創作各種經典的歌曲成為了鉅富，而且，這些歌曲到今天仍在為他們賺錢。我所說的是，富爸爸將沒有資產的財務報表放在我們面前，然後問我如何不花錢卻能在資產項中創造資產。當我問他靠什麼不花一分錢卻得到了最昂貴的海濱不動產時，他為我做了現在我幫你們做的90／10的測試。」

「他說是他的公司買下了那塊地。」一個學生說。

「正如我所說過的，那是許多不用自己花錢就可以在資產項下創造資產的方法之一。投資者可以創造出有巨大投資價值的專案。藝術家的畫有很高的價值，作家寫的書能給他們帶來長期的版稅收入。創業則是企業家的作法，但也不是只有成為企業家才能去創造資產的。我沒花過一分錢，但透過經營不動產，也做到了這一切。你需要做的就是具有想像力和創造力，這樣你將可以一生富有。」

「你是說可以用新技術發明一項東西，然後就可以致富了嗎？」一個學生問。

「你可以這樣做，但不一定是一項發明或某種新技術。」我停了一下說，「這是一種創造財富的思維方式，一旦你掌握了這種思維方式，你就會變得比夢想中的還要富有。」

「你說不一定是新發明或新技術，那是指什麼呢？除此之外還有什麼其他的辦法？」

我努力將我的觀點進一步向他們闡述。「你們還記得我的書《富爸爸，窮爸爸》裡講的關於漫畫書的故事嗎？」

「記得。」一個學生說，「你要求富爸爸為你加薪，可是富爸爸不僅沒有為你加薪，反而扣除了每小時十美分的工資，最後乾脆讓你免費為他工作。他扣除你十美分，是因為他不想讓你一生都為錢而工作。」

「對，就是這個故事。」我說，「這個故事講的就是不用購置資產，便可以增加資產項。」

那個學生靜靜地站在那裡思考著我說的話。最後，他說：「所以後來你就拿了舊漫畫書，並把它們轉化成了資產。」

我點了點頭，「這些漫畫書本身是資產嗎？」我問。

「只有你把那些當做垃圾扔掉的東西找出來，並把它們轉化成資產時，它們才是資產。」另一學生答道。

「對，那麼這些漫畫書是你們能夠看得到的資產，但這也僅僅是你們能夠看得到的資產，看不到的東西是什麼呢？」

「噢，」另一個學生插話進來，「把漫畫書變成資產的思維過程才是真正的資產。」

「這就是富爸爸看待事物的方法。後來他告訴我，他所擁有的力量就是思考。他常用玩笑的口吻把思維過程稱作『變垃圾為金錢』。他還說『有很多人卻做著相反的事情，他們把金錢變成了垃圾。這就是90／10原則真實存在的原因』。」

「他就像那些古代的煉丹家，」一個學生說，「煉丹家就是到處尋找能把石頭變成金子的秘方。」

「完全正確。」我說，「那些處於90／10的金錢群體中的人，就是現代的煉丹家。唯一不同的是，他們能空手創造資產。他們所擁有的力量就是他們的思維及把創意轉化為資產的能力。」

「但正如你所說的，雖然很多人都有好的想法，只是他們沒有能力將想法轉化為資產。」一個學生說。

我點了點頭。「這就是當時我在海邊感受到的富爸爸的神祕力量。普通投資者離開那塊不動產說『我買不起』或『要有錢才能去賺錢』時，富爸爸的精神力量或財務知識，卻讓他擁有了那樣昂貴的不動產。」

「他經常給你做這種90／10的測試嗎？」一個學生問。

「是的。」我回答說，「這是他幫我做腦筋運動的方式。富爸爸常說，頭腦是我們最好的資產，如果使用不當，它也是我們最大的負債。」

學生們沉默了，我又讓他們陷入到沉思和自我反省之中。最後，那位起初計畫每年要拿出兩萬美元投資的學生說：「所以，《富爸爸，窮爸爸》一書中，富爸爸的其中一課就是，富人總是在創造屬於他們自己的錢。」

我點頭道：「六個課程中，第一課就是『富人不為錢而工作』。」

又是一陣沉默，有人說：「所以當我們計畫找一份工作，然後把錢存起來購置資產時，你受到的教育卻是你的工作就是去創造資產。」

「說得好！」我說，「你已經理解了『工作』的意義。『工作』是工業時代的產物，自一九八九年以來，我們已經進入到資訊時代。」

「你說工作是工業時代的概念是什麼意思？」一個學生問，「人類不是總是需要有工作的嗎？」

「不，至少不是我們今天所理解的工作。你看，在狩獵時代，人們按部落生活在一起，每個人的工作都是在為部落的共同生存而勞動。換句話說，就是人人為我，我為人人。到了農耕時期，出現了國王和王后，那個時期，人們的工作實際上是農奴或是農民去耕種國王的土地。進入工業時代，封建制和奴隸制被廢除了，人類開始公開出賣勞動力。大多數人成為雇工或自我雇傭者，盡量把勞動賣給出價最高的人。這才是現代意義上的『工作』。」

「所以，當我說我要找一份工作，每年拿出兩萬美元來投資時，你認為這只是一種工業時代的想法。」

我點了點頭，「就像現在，還有一些農耕時代的人，例如一些農民或牧民，此外，還有一些獵人、漁民的例子。但大多數人卻在以工業時代的思想在工作，這也是為什麼有這麼多人有工作的原因。」

「那麼資訊時代的工作理念又是什麼呢？」一個學生問。

「人們並不去工作的原因，是因為他們的思想在工作。今天，已經有很多像我富爸爸那樣的學生，他們離開學校後不找工作，最後卻發了財。網路界有的億萬富翁甚至始終沒有工作過，他們中有些人，沒念完大學就出來創業，並最後獲得了財富。」

「也就是說，他們起步時資產項是一片空白，他們用資訊時代特有的巨大的資產填充了它。」一個學生補充說。

「許多人都建立了幾十億美元的資產，」我說，「他們是從大學生直接過渡到億萬富翁，而且還有一個高中生不找工作就成為了億萬富翁。我就認識一個還沒有工作的百萬富翁，他買了一大片房地產，然後，他賣掉了其中的一部分空地，保留了房子。最後，他用從這塊地上賺的錢償還了銀行貸款。現在，他擁有價值超過一百萬美元的房子，而且不用工作每月就有四千美元租費的現金流收入，而此時他離高中畢業還有一年左右的時間。」

那些學生再一次靜靜地站在那裡思考著我的話。有些人一時還很難相信我所講的高中生的故事，但他們知道大學生輟學成為億萬富翁是確有其事的。最後，一個學生說：「因此，在資訊時代人們能夠以資訊致富。」

「不僅僅是在資訊時代，」我接著說，「在所有的時代都可行。那些沒有資產的人將為那些創造、獲得、控制資產的人工作。」

「所以你認為一個高中生，他即使沒有在名校接受過最好的教育，也沒有高薪的工作，他卻仍能在理財方面勝過我們。」第一個提問的那個學生說。

「這的確是我要說的，重要的是你的思維方式而不是你所受的教育。暢銷書《鄰家的百萬富翁》一書的作者托馬斯·斯坦利在他的新書《百萬富翁的頭腦》（*The Millionaire Mind*）中指出，根據他的調查，大學入學考試時的高分、好的畢業成績和金錢之間並沒有直接的關聯。」

那個有一年兩萬美元投資計畫的學生又說：「所以如果我想要加入90／10俱樂部，我最好去練習創造資產，而不是購置資產。要想得到資產，我就得比別人所做的更具創造性。」

「這就是為什麼億萬富翁亨利·福特說：『思考是世上最艱苦的工作，所以很少有人願意從事它。』」我回答說，「這也說明了如果你做了90％的投資者所做的事，你就只能加入他們去分享10％的財富。」

「也就如同愛因斯坦所說的『想像比知識更重要』。」另一個學生說。

「當我想請一名會計時，富爸爸給了我一些建議。他說，你面試一個會計時，你要問他一加一等於什麼？如果他的答案是三，不要用他，因為他不夠聰明。如果他說是二，也不要用他，因為他還是不夠聰明。但是，如果這個會計說『你想要一加一等於幾』，這時你就應該馬上錄用他。」

學生們都笑了起來，我們開始收拾東西。「所以，你創造出能購買其他資產和負債的資產，是這樣嗎？」一個學生問。

我點頭表示同意。

「你曾用錢買過資產嗎？」那個學生又問。

「當然，但我是用來自於我所創造的資產的錢，去購買別的資產。」我邊說邊去拿我的皮包，「記住，我不喜歡為錢而工作，我喜歡能創造購買其他資產和負債的資產。」

一名來自中國的年輕學生順手把手提包遞給我，他說：「所以，你推崇網路銷售，因為人們可以在工作之餘，以很少的資金和較小的風險建立他們的資產。」

我點點頭說：「這是一項全球性的資產，當他們的孩子想要得到時，他們可以交給他們的孩子。但我不知道你會把哪些公司的工作交給你的孩子。這是一項對資產的測試，看你能否把它交給你所愛的人。而我的父親，我所稱的窮爸爸，為了攀登政府職位的階梯，工作非常努力。就算他沒被解雇，他還是不可能把他這麼多年的辛勤工作交給他的孩子們，因政府不允許世襲，況且我們中也沒有一個人想得到這份工作，也沒有人有資格擔任這項工作。」

學生們跟著我一起走出了教室，「所以，要考慮創造資產，而不是努力工作來購置資產。」那個有兩萬美元投資計畫的學生說。

「如果你想加入90／10俱樂部，你就應該這麼做。」我又說，「這是富爸爸常常挑戰我的創造力的原因。他以不購置產業、而是創造各種資產來填補資產項。他說，你應該為創造資產而長期努力，而不是為了錢用你的一生辛勤工作，到頭來創造卻是別人的資產。」

在我上車時，那個拿兩萬美元來投資的學生又說：「我所應該做的就是想出個好主意，並創造資產，一份大的資產，那樣才會讓我真正地成功。如果我做到了，我將成為占總人口10％中擁有90％財富的人。」

我笑著關上車門，回答了他的最後一個問題，「如果你在現實生活中解答了90／10之謎，你就有可能加入到控制90％財富的10％的人的行列。如果你在現實生活中不能很好地解決這個問題，你就會成為僅僅控制10％的財富的另外的90％的人。」我向那個學生表示了謝意，然後駕車離去。

意向測試

享利．福特說過：「思考是世上最艱苦的工作，所以很少有人願意從事它。」我的富爸爸也說：「你的頭腦是你最有用的資產，但如果使用不當，它會是你最大的負債。」

富爸爸不斷地讓我在空白的資產項中創造新的資產。有時他同他的兒子邁克和我一起坐下來，問我們如何創造新的不同的資產。他一點也不介意某個創意是否瘋狂，或者是否滑稽可笑，他只是要求我們能具體說明如何能將它轉變為資產。他可能會要求我們為自己的想法辯護並去應對他的挑戰。從長期來看，比起我的窮爸爸教導我們的要努力工作、存錢、生活儉樸來說，富爸爸教給我們的東西要有用得多。

所以，意向測試的問題是：

你願意去創造資產而不是僅僅購置資產嗎？

願意□　不願意□

有許多書和教育節目都在講如何聰明地購買資產，而且對大多數人而言，購置資產對他們來說是最好的計畫。從安全和寬裕、舒適這類投資計畫的角度來說，我可能也會向你推薦你應該購買哪些資產。為了安全穩妥，可以去投資績優股票和經營狀況良好的共同基金。但是，如果你想成為非常富有的投資者，就要面對一個問題：你是否願意創造資產，而不是去買別人的資產？如果你不願意，我可以告訴你，有很多書和教育節目是教人購買資產的。

如果你願意考慮如何創造資產，那麼這本書的下集，對你而言就會很有價值，或許是價值連城的。該書要講的是如何得到一個創意，並把它轉化成資產，並能夠用這項資產去創造財富。它不僅介紹了如何在資產項中賺到很多的錢，而且介紹了如何留住那些資產帶來的錢，並用這些錢換來更多的資產和優越的生活。它揭示了10％的人群中的很多人是如何獲得90％的財富的。因此，如果你對此感興趣，請務必一讀。

讓我們再看看90／10之謎。

這個謎就是：你如何在資產項中不用花錢就能創造資產？

聰明人的留財之道

我的第一宗大生意是在一九七七年做的，即維可勞尼龍錢包，它使我的資產項中增加了一大筆資產，但是出現了一個問題：我創造的資產很大，而我的經商技巧卻很差。所以，在我二十多歲成為百萬富翁以後，我又很快地把到手的財富弄丟了。在以後的三年中，我在搖滾音樂的生意中又重複了同樣的過程。當MTV音樂電視剛剛開始風靡全美時，我創建的小公司在這次熱潮中又獲得了大好時機進行融資，而後資產再一次迅速膨脹到我們沒有足夠能力去駕馭它的地步。於是，我們就像是火箭飛速地上升，然後，又像是沒有了燃料後一頭栽了下來。本書下集將討論創造大量資產的同時，應具備相應的專業技巧來和這些資產相匹配，以及如何透過其它更穩定的資產項上投資，留住你所賺到的錢。就像富爸爸所說的：「如果你沒法留住你賺到的錢，那麼，賺那麼多錢又有什麼用呢？」而「投資」正是聰明人留住錢的方式。

高寶書版集團
gobooks.com.tw

RD 007
富爸爸投資指南〈上〉
Rich Dad's Guide to Investing: What the Rich Invest in, That the Poor and Middle Class Do Not

作　　者　羅勃特 ・T・ 清崎（Robert T. Kiyosaki）
譯　　者　王麗潔、朱雲、朱鷹
審　　訂　MTS 翻譯團隊
編　　輯　林俶萍
排　　版　趙小芳
美術編輯　林政嘉
企　　畫　陳俞佐

發 行 人　朱凱蕾
出　　版　英屬維京群島商高寶國際有限公司台灣分公司
　　　　　Global Group Holdings, Ltd.
地　　址　台北市內湖區洲子街 88 號 3 樓
網　　址　gobooks.com.tw
電　　話　（02）27992788
電　　郵　readers@gobooks.com.tw（讀者服務部）
　　　　　pr@gobooks.com.tw（公關諮詢部）
傳　　真　出版部（02）27990909　行銷部（02）27993088
郵政劃撥　19394552
戶　　名　英屬維京群島商高寶國際有限公司台灣分公司
發　　行　希代多媒體書版股份有限公司 /Printed in Taiwan
初　　版　2001 年 10 月
二版一刷　2016 年 6 月
原文書名　Rich Dad's Guide to Investing
初版書名　富爸爸，提早享受財富 1

國家圖書館出版品預行編目（CIP）資料

富爸爸投資指南（上）/ 羅勃特 .T. 清崎 (Robert T. Kiyosaki)
著；王麗潔，朱雲，朱鷹譯 . MTS 翻譯團隊審定 .-- 二版 . -- 臺
北市：高寶國際出版：希代多媒體發行，2016.06
　面；　公分 . --（富爸爸；RD007）
譯自：Rich Dad's Guide to Investing: What the Rich Invest in,
　　That the Poor and Middle Class Do Not
ISBN 978-986-361-266-7（上冊：平裝）
1. 個人理財　2. 投資
563　　　　105001731